Préface

Alsace 3

Bourgogne 9

Lyonnais 16

Provence 23

Corse 30

Pays basque 37

Bretagne 44

Normandie 51

Petits extras 57

À la découverte des cuisines régionales

Guidés par Nicole Seidel-Guinebretière, *embarquons pour un tour de France des saveurs.*

Chères lectrices, chers lecteurs,

1 TOUS LES MOIS dans la rubrique «À table», la Revue de la Presse a pour *vocation* de vous faire découvrir ou redécouvrir les recettes familiales traditionnelles françaises. À chaque fois, lorsqu'il s'agit de vous proposer un nouveau *plat*, je constate avec surprise que la France, dans ce domaine, dispose d'un *patrimoine quasi inépuisable*. Après avoir *exploré* les *mets* les plus typiques de la cuisine *hexagonale* dans notre premier *recueil* «À table», nous avons pensé vous *convier* cette fois *à* une *balade* gourmande à travers le pays.

2 Mais, devant le nombre impressionnant de régions gastronomiques, aussi riches les unes que les autres, nous avons dû faire un choix: notre tour de France se fera en huit étapes. Venus d'Allemagne, nous partirons de l'Alsace pour nous diriger vers la Bourgogne et le Sud-Est: Lyon et sa région, la Provence et *l'île de Beauté*, la Corse. Puis nous *regagnerons* la Normandie, notre étape finale, en passant par deux régions de la côte atlantique: *le Pays basque* et la Bretagne.

3 Une fois ces *terroirs* choisis, il nous a fallu *relever un* nouveau *défi*: la sélection des recettes. Si certaines ont déjà été publiées dans la Revue de la Presse, la plupart sont *inédites*. Des plats sortis de leur contexte n'apportent *toutefois* que la moitié de leur *saveur*. *Aussi* j'ai essayé de vous fournir les informations qui me semblaient les plus importantes sur les différentes régions: les *cultures*, les types d'*élevage*, les coutumes, etc., en espérant *éveiller* votre *curiosité* et vous inciter à glaner d'autres *renseignements*, *sur la Toile* par exemple.

Je serais très heureuse si vous *trouviez* autant de *plaisir à feuilleter* ce nouveau recueil et à en tester les recettes que j'en ai eu à les préparer.

Depuis plus *de 15 ans, Nicole Seidel-Guinebretière déniche, chaque mois pour la Revue de la Presse, une nouvelle recette. Curieuse, aimant les défis, elle présente à ses lectrices et lecteurs les plats les plus variés de la gastronomie française, des grands classiques aux spécialités régionales méconnues. Et si depuis de nombreuses années, son pays d'adoption est l'Allemagne, la cuisine au beurre salé de sa région natale, la Vendée, continue de l'accompagner aux fourneaux.*

“*Des plats sortis de leur contexte n'apportent que la moitié de leur saveur.*”

Légende **DÉNICHER** ausfindig machen – **curieux, -ieuse** neugierig – **défi** (m.) Herausforderung – **méconnu** verkannt – **le pays d'adoption** (f.) die Wahlheimat – **aux fourneaux** (m. pl.) am (Küchen-)Herd, h. gem.: wenn sie kocht

0–3 **embarquer pour qc** h.: s. auf etw. begeben – **un tour de France des saveurs** (f. pl.) gem.: ein kulinarischer Streifzug durch Frankreich, **saveur** (f.) (guter) Geschmack – **vocation** (f.) Berufung, h.: Ziel – **plat** (m.) h.: Gericht – **patrimoine** (m.) h.: (kulinarisches) Erbe – **quasi** nahezu – **inépuisable** unerschöpflich – **explorer** h.: s. eingehend beschäftigen mit – **mets** (m.) Speise – **hexagonal** sechseckig, h. gem.: französisch – **recueil** (m.) h.: Rezeptsammlung – **convier qn à qc** jdn. zu etw. einladen – **balade** (f.) (fam.) Spaziergang, h.: Streifzug – **l'île** (f.) **de Beauté** (f.) (nom populaire donné à la Corse) – **regagner** h. gem.: erreichen – **le Pays basque** das Baskenland – **terroir** (m.) h.: Region – **relever un défi** s. e-r Herausforderung stellen – **inédit** unveröffentlicht, ganz neu – **toutefois** allerdings – **saveur** (f.) h.: Würze, Reiz – **aussi** h.: deshalb – **culture** (f.) h.: Anbau – **élevage** (m.) Vieh-, Geflügelzucht – **éveiller** wecken – **curiosité** (f.) Neugier – **inciter qn à faire qc** jn. dazu anregen, etw. zu tun – **glaner** sammeln, zusammentragen – **renseignement** (m.) Information – **sur la Toile** im Netz – **trouver du plaisir** (m.) **à faire qc** Gefallen daran finden, etw. zu tun – **feuilleter qc** in etw. blättern

Après le succès *d'«À table», premier recueil de recettes en français, paru en 2013, la maison d'édition Carl Schünemann a sorti trois autres publications dédiées aux amoureux des langues et de la cuisine: «La cucina di Giulia», «Español sabroso» et «English Is Served!». En italien, en espagnol, en anglais ou en français, on savoure et on voyage!*

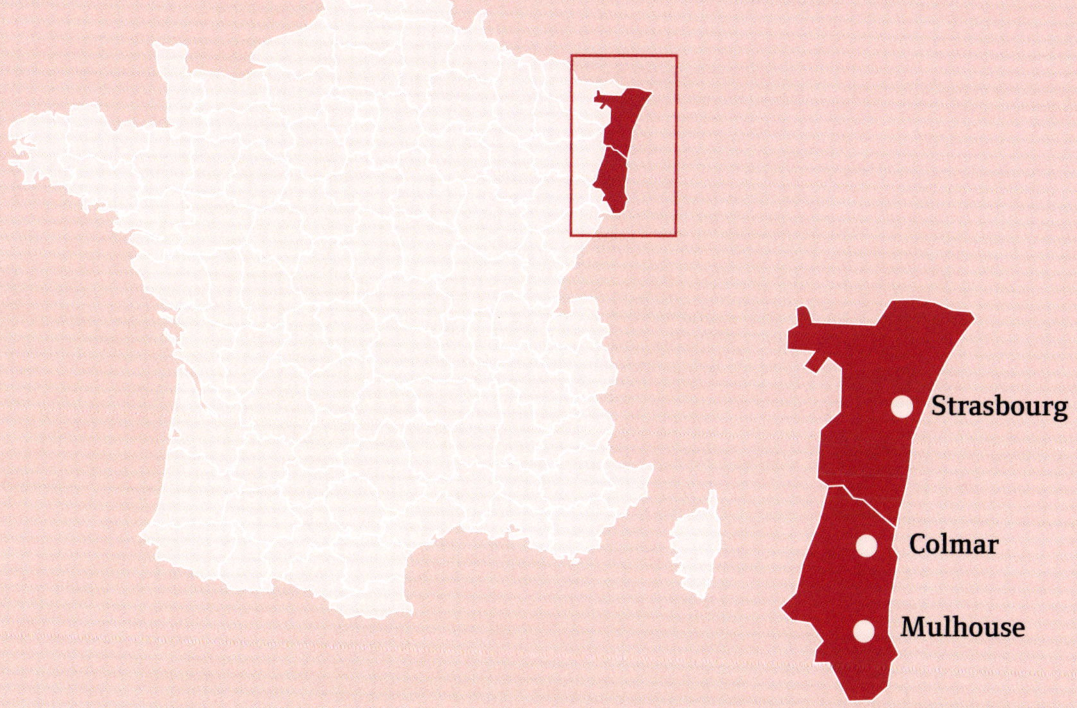

Alsace

- *Salade strasbourgeoise*
- *Tarte flambée alsacienne ou Flammekueche*
- *Cassolette d'escargots au vin d'Alsace*
- *Soupe de cerises*

Délices d'Alsace, entre France et Allemagne

1 UN VIEUX proverbe alsacien *prétendait* que: «En Allemagne, c'est beaucoup, mais ce n'est pas bon. En France, c'est bon, mais ce n'est pas beaucoup. En Alsace, c'est bon et c'est beaucoup.» Nous ne reviendrons pas ici sur l'histoire de l'Alsace, longtemps *ballottée* entre les deux pays. Mais cette formule traduit bien sa «binationalité» qui se retrouve dans sa cuisine et sa culture régionales, par exemple avec les coutumes de Noël venant d'Allemagne.

Un fief gastronomique

2 La cuisine alsacienne est célèbre notamment pour sa *charcuterie*, ses vins blancs, ses *eaux-de-vie* et ses bières. La réputation gastronomique de la région où les restaurants étoilés *sont légion*, remonte à très loin et dépasse le cadre des saucisses variées, de *la choucroute garnie*, des *rognons*, de la tarte flambée (flammekueche), du *baeckeoff*, du munster ou du kugelhopf. Et l'on oublie souvent les poissons (*brochet*, *carpes*...) et les fruits (pour les tartes et les eaux-de-vie).

3 Les plus grands noms de la gastronomie alsacienne sont fournis, depuis plusieurs générations, par la famille Hugel pour les vins, et la famille Haeberlin de L'Auberge de *l'Ill* pour la restauration. Plus simples, les winstub où l'on se retrouvait autrefois pour boire les vins des *vignerons* locaux, sont devenues les restaurants typiquement alsaciens. Il existe de même des bierstub pour la bière mais aussi des brasseries, plus grandes et moins intimes, comparables aux brasseries bavaroises, quelquefois avec orchestre.

De nombreuses légendes *entourent l'origine du kugelhopf. L'une d'elles raconte que cette brioche à pâte levée aurait été confectionnée pour la première fois par les Rois mages pour remercier un pâtissier alsacien nommé «Kugel», qui les avait hébergés chez lui à Ribeauvillé. La forme particulière de cette pâtisserie serait d'ailleurs inspirée de leurs turbans. À droite: La choucroute, ou «sürkrüt» en alsacien, est un classique de la cuisine régionale.* | PHOTOS: *picture alliance/dpa; Getty Images*

Légende **ORIGINE** (f.) Herkunft – **la pâte levée** der Hefeteig – **les Rois** (m. pl.) **mages** (m. pl.) die drei Weisen aus dem Morgenland
0–3 **délice** (m.) h.: Leckerbissen – **prétendre** behaupten – **être ballotté** h. (fig.): hin- und hergerissen werden – **fief** (m.) Hochburg – **charcuterie** (f.) Wurstwaren – **eau-de-vie** (f.) Schnaps, Obstler – **être légion** (f.) zahlreich sein – **la choucroute garnie** (Sauerkraut mit Speck, Wurst und häufig auch Kartoffeln) – **rognon** (m.) (gastr.) Niere – **le baeckeoff** (elsässischer Eintopf aus Fleisch, Kartoffeln und Gemüse) – **brochet** (m.) Hecht – **carpe** (f.) Karpfen – **l'Ill** (Zufluss des Rheins im Elsass) – **vigneron, -onne** (m./f.) Winzer/in

Pause détente *sur la place de la Cathédrale, à Strasbourg. En arrière-plan se dresse l'un des plus vieux édifices de la ville, la Maison Kammerzell, qui abrite un restaurant et un hôtel. Ses étages à colombages datent des XVe et XVIe siècles.* | PHOTO: *Getty Images*

Salade strasbourgeoise

Ingrédients pour 2 personnes

- 125 g de pommes de terre
- 2 œufs
- 100 g de *cervelas* ou *saucisse* de Strasbourg
- 100 g d'emmental
- 1 *échalote*
- 1 tomate
- 5 petits cornichons
- 1 c. c. de moutarde de Dijon
- 1 c. s. de *vinaigre*
- 3 c. s. d'huile
- 2 c. s. de mayonnaise
- sel, poivre

CERVELAS (m.) h.: Art elsässische Fleischwurst – **saucisse** (f.) Wurst – **échalote** (f.) Schalotte – **c. c.** (f.) = **cuiller** (f.) **à café** (m.) Teelöffel – **c. s.** (f.) = **cuiller** (f.) **à soupe** (f.) Esslöffel – **vinaigre** (m.) Essig

1 LA CUISINE alsacienne a, bien sûr, pour des raisons aussi bien géographiques qu'historiques, certains points communs avec la cuisine allemande. Mais les ressemblances sont parfois *trompeuses*. Dans le cas présent par exemple, le *cervelas* se rapproche plutôt, *en moins gros*, de *la saucisse de viande* allemande que de son *homonyme*. La knack, autre nom donné à la saucisse de Strasbourg, ressemble à la «Bockwurst» allemande. Mais quittons là le thème *inépuisable* des saucisses.

2 La salade strasbourgeoise *n'est nullement saisonnière*, mais elle *se déguste* plus volontiers l'été. Elle peut être servie en entrée, ou peut tout aussi bien composer un repas léger et rafraîchissant. Rapidement faite, elle est d'une simplicité enfantine.

3 *Éplucher* et faire cuire les pommes de terre pendant 25 minutes, les laisser *refroidir*. Faire cuire les œufs 10 minutes dans de l'eau, les laisser refroidir, les *écailler* et les couper en quatre *dans le sens de la hauteur*.

4 Pour la vinaigrette: commencer par mélanger la mayonnaise et la moutarde, ajouter le *vinaigre*, puis l'huile. Saler, *poivrer*.

5 *Enlever* la peau du cervelas et le couper en *rondelles* de 1 cm d'épaisseur environ. Pour la saucisse de Strasbourg, la *plonger* 3 minutes dans l'eau bouillante, la sortir, la laisser refroidir et la couper en rondelles également de 1 cm environ.

6 Couper les pommes de terre en gros *dés*, le *fromage* en *allumettes* d'environ 3 cm sur 0,5 cm et les cornichons en fines rondelles.

7 Couper la tomate en quartiers, *hacher* finement l'*échalote*.

8 Mélanger les pommes de terre, le cervelas (ou la saucisse de Strasbourg), l'emmental, l'échalote, les cornichons et la vinaigrette, *rectifier l'assaisonnement*.

9 Décorer avec les quartiers d'œufs durs et de tomate, éventuellement aussi avec des feuilles de *persil plat* ou de *cerfeuil*. Servir frais avec de la baguette fraîche.

Le bon accord: un pinot blanc d'Alsace ou un sylvaner bien frais (8 à 10°C), ou encore une bière.

Facile à préparer *et légère, la salade strasbourgeoise est idéale pour les repas d'été.* | PHOTO: *Nicole Seidel-Guinebretière*

Légende **ÉDIFICE** (m.) Bauwerk, Gebäude – **colombage** (m.) Fachwerk

1 **trompeur, -euse** trügerisch – **cervelas** (m.) h.: Art elsässische Fleischwurst – **en moins gros** gem.: etwas dünner – **la saucisse de viande** (f.) die Fleischwurst, **saucisse** Wurst – **homonyme** (m.) Homonym, Namensvetter – **inépuisable** unerschöpflich

2–4 **ne… nullement** in keiner Weise – **être saisonnier, -ière** gem.: ein saisonales Gericht sein – **se déguster** mit Genuss verzehrt werden – **éplucher** schälen – **refroidir** abkühlen – **écailler** (Eier) schälen – **dans le sens de la hauteur** von oben nach unten, der Länge nach – **vinaigre** (m.) Essig – **poivrer** pfeffern

5–7 **enlever** h.: entfernen, abziehen – **rondelle** (f.) runde Scheibe – **plonger** tauchen – **dé** (m.) Würfel – **fromage** (m.) Käse, h. gem.: Emmentaler – **allumette** (f.) Streichholz, h.: Stift – **hacher** hacken – **échalote** (f.) Schalotte

8–9 **rectifier l'assaisonnement** (m.) nachwürzen – **le persil plat** die glatte Petersilie – **cerfeuil** (m.) Kerbel – **le bon accord** h. gem.: das passende Getränk dazu

Tarte flambée alsacienne ou Flammekueche

1 VOICI UN PLAT typiquement alsacien, qui a autrefois servi de repas de midi dans les campagnes *vallonnées*. Il est cependant moins connu que, par exemple, la choucroute. Car, pour cuire la tarte flambée, il fallait à l'époque posséder un *four à pain*! Mais, me direz-vous, pourquoi flambée? *Eh bien*, parce que, dans le four à pain, la tarte était *léchée* par les flammes. Facile, rapide et économique, ce plat *prendra forcément une place de choix* dans votre cahier personnel de recettes. Et, accompagné d'une salade verte et suivi d'un dessert léger, il composera un repas complet. Alors: *à vos fourneaux sans tarder*!

2 Pour *la pâte à pain*, mélanger tous les ingrédients, bien *malaxer*, puis laisser reposer. *Préchauffer* le four à la température maximum. *Étaler la pâte très finement* (c'est important pour la *cuisson*) sur une *plaque de four* huilée. Laisser reposer 10 minutes. Pendant ce temps, bien mélanger *le fromage blanc* et *la crème épaisse*, ajouter la noix de muscade, saler et poivrer.

3 *Répartir* le mélange fromage blanc-crème sur la pâte en laissant un bord de 1 cm, puis garnir avec les oignons et les *lardons*. *Arroser* avec l'huile. *Enfourner* et faire cuire pendant 10 minutes.

4 **Variantes:** certains ajoutent un jaune d'œuf à la crème. Le grand chef alsacien Marc Haeberlin *fait* d'abord *fondre* les oignons dans du beurre et *revenir* les lardons avant de garnir la tarte. *Arroser d'une bière* (alsacienne si possible) ou d'un riesling.

Le village *viticole de Hunawihr, au pied du massif des Vosges.*
| PHOTOS: *Getty Images*

Ingrédients pour 6 personnes

- 500 g de *pâte à pain*
- 120 g d'oignons *émincés*
- 100 g de petits *lardons*
- 250 g de *fromage blanc* à 40%
- 25 g de *crème épaisse*
- 1 bonne prise de noix de muscade *râpée*
- 1 *c. s.* d'huile de *colza* (ou autre huile de goût neutre)
- sel, poivre

Pour la pâte à pain

- 500 g de farine
- 20 g de *levure* fraîche
- 1 *pincée de sel*
- 1 ½ verre d'eau tiède

LA PÂTE à pain (m.) der Brotteig – **émincé** fein geschnitten – **lardons** (m. pl.) Speckwürfel – **le fromage blanc** der Quark – **la crème épaisse** die (dickflüssige) Crème fraîche – **râpé** geraspelt – **c. s.** (f.) = **cuiller** (f.) **à soupe** (f.) Esslöffel – **colza** (m.) Raps – **levure** (f.) Hefe – **une pincée de sel** (m.) e-e Prise Salz

Marc Haeberlin *(à gauche) et son père Paul, l'un des grands noms de la cuisine française décédé en 2008. De génération en génération, les Haeberlin font rayonner la gastronomie alsacienne. Leur restaurant familial, L'Auberge de l'Ill, affiche trois étoiles au Guide Michelin depuis un demi-siècle.*

1 **VALLONNÉ** hügelig – **le four à pain** (m.) der Brotbackofen – **eh bien** nun ja – **léché** h.: umzüngelt – **prendre une place de choix** (m.) e-n bevorzugten Platz einnehmen – **forcément** zwangsläufig – **à vos fourneaux!** etwa: ran an die Töpfe!, **le fourneau** der (Küchen-)Herd – **sans tarder** umgehend, unverzüglich

2 **la pâte à pain** (m.) der Brotteig – **malaxer** durchkneten – **préchauffer** vorheizen – **étaler la pâte très finement** den Teig sehr dünn ausrollen – **cuisson** (f.) h.: Backen – **la plaque de four** (m.) das Backblech – **le fromage blanc** der Quark – **la crème épaisse** die dickflüssige Crème fraîche

3–4 **répartir** verteilen – **lardons** (m. pl.) Speckwürfel – **arroser** begießen – **enfourner** in den Backofen schieben – **faire fondre** h.: andünsten – **faire revenir** anbraten – **arroser d'une bière** gem.: dazu trinkt man ein Bier

Cassolette d'escargots au vin d'Alsace

| PHOTOS: *Getty Images; Nicole Seidel-Guinebretière*

INGRÉDIENTS POUR 4 PERSONNES

- 48 petits escargots gris ou *escargots de Bourgogne*
- 1 bouteille de sylvaner d'Alsace
- 4 *échalotes*
- 3 *gousses d'ail*
- 10 cl de *crème liquide*
- 10 g de beurre
- 1 tasse d'*herbes fraîches* (*persil, ciboulette, cerfeuil,* basilic, estragon...)
- sel, poivre

Préparation: 20 minutes

Cuisson: 30 minutes

ESCARGOT (m.) **de Bourgogne** Weinbergschnecke – **échalote** (f.) Schalotte – **la gousse d'ail** (m.) die Knoblauchzehe – **la crème liquide** die Schlagsahne – **les herbes** (f. pl.) **fraîches** die frischen Kräuter – **persil** (m.) Petersilie – **ciboulette** (f.) Schnittlauch – **cerfeuil** (m.) Kerbel

1 LA VIANDE la plus consommée en Alsace, c'est le cochon, en partie en raison de la riche variété de *saucisses* et de *charcuteries* qui caractérisent la cuisine régionale, mais la *volaille* occupe aussi une place importante... Et on ne laisse rien perdre. Les *abats sont à l'honneur*, par exemple avec les *rognons* ou *le foie gras d'oie*. *Quant aux cuisses de grenouille*, elles font aussi partie de la tradition alsacienne, tout comme les escargots qui nous occupent ici.

2 Cette recette qui nous vient d'Alsace est aujourd'hui largement répandue à travers le monde: il s'agit d'escargots dans leur *coquille* garnis de beurre salé aux *herbes* et à l'ail, et que l'on trouve au *rayon surgelés* de presque tous les supermarchés. D'ailleurs, en France, ce beurre s'appelle simplement «beurre d'escargot», même lorsqu'il est utilisé pour un autre plat. Il existe plusieurs façons d'*accommoder* les escargots avec du vin d'Alsace. Voici l'une d'entre elles, à servir en entrée.

3 *Éplucher* les *échalotes* et l'ail et les *hacher finement*. Puis, dans une casserole, les *faire fondre* dans 10 g de beurre *sur feu doux* pendant 5 minutes environ. Verser le vin, *porter à ébullition* et *faire réduire* sur feu doux jusqu'à ce qu'il reste environ 2 *cuillers à soupe* de liquide. Saler, poivrer, ajouter une bonne cuiller à soupe de *crème liquide* et *maintenir au chaud*.

4 *Ciseler* les herbes. *Battre* le reste de crème en *chantilly*, saler et mélanger avec les herbes. *Préchauffer* le gril du *four*. *Égoutter* les escargots et les *faire réchauffer* dans une *poêle* avec les échalotes et l'ail. Les *répartir* dans quatre cassolettes ou dans quatre *assiettes creuses*, les *napper* de crème aux herbes et les placer sous le gril du four pendant 8 à 10 minutes. Servir *sans tarder*. *Le bon accord:* le même vin que celui qui aura servi à préparer la sauce.

Les Français, *ces mangeurs d'escargots! Cuisinés dans une sauce provençale ou accompagnés d'un bon vin d'Alsace, les mollusques sont appréciés dans tout le pays, et en particulier lors des fêtes de fin d'année.* | PHOTO: *Getty Images*

0–2 **CASSOLETTE** (f.) h.: kleine feuerfeste Schüssel – **escargot** (m.) Schnecke – **saucisse** (f.) Wurst – **charcuterie** (f.) Wurstwaren – **volaille** (f.) Geflügel – **abats** (m. pl.) Innereien – **être à l'honneur** (m.) gefeiert werden, im Mittelpunkt stehen – **rognon** (m.) (gastr.) Niere – **le foie gras d'oie** die Gänseleberpastete, **oie** (f.) Gans – **quant à...** was ... betrifft – **la cuisse de grenouille** (f.) der Froschschenkel – **coquille** (f.) Schale – **herbes** (f. pl.) Kräuter – **rayon** (m.) h.: Abteilung – **surgelés** (m. pl.) Tiefkühlkost – **accommoder** h.: zubereiten

3 **éplucher** schälen – **échalote** (f.) Schalotte – **hacher finement** fein hacken – **faire fondre** h.: andünsten – **sur feu** (m.) **doux** bei schwacher Hitze – **porter à ébullition** (f.) aufkochen – **faire réduire** einkochen – **la cuiller à soupe** (f.) der Esslöffel – **la crème liquide** die Schlagsahne – **maintenir au chaud** warm halten

4 **ciseler** (Kräuter) klein hacken – **battre** schlagen – **la (crème) chantilly** die geschlagene Sahne – **préchauffer** vorheizen – **four** (m.) Backofen – **égoutter** abtropfen lassen – **faire réchauffer** aufwärmen – **poêle** (f.) Pfanne – **répartir** verteilen – **une assiette creuse** ein tiefer Teller **(creux, creuse)** – **napper** übergießen, h.: bedecken – **sans tarder** umgehend, unverzüglich – **le bon accord** h. gem.: das passende Getränk dazu

Tout comme leurs *voisines de Forêt-Noire ou de Suisse alémanique, les cerises d'Alsace sont très prisées pour la production de kirsch.* | PHOTO: *Nicole Seidel-Guinebretière*

Soupe de cerises

1 LA SOUPE de cerises est une spécialité *alsacienne* qui a la *particularité* de se manger soit chaude en *entrée*, soit froide en dessert. Elle est beaucoup consommée en hiver, et notamment le soir de Noël, où l'on utilise alors bien sûr des cerises *en conserve*.

2 Comme pour toutes les recettes traditionnelles, il en existe diverses versions, certaines *épaississant* la soupe avec de la farine ou de la *maïzena*, d'autres y ajoutant des *épices*, par exemple de la *cannelle*, ou des croûtons de *pain de mie passés dans le beurre*.

3 La vraie soupe de cerises se prépare avec du vin rouge et du *kirsch*. Pour la désalcooliser, on peut *toutefois supprimer* le kirsch et remplacer le vin par du *jus de raisin*. Il faut alors réduire la quantité de sucre.

4 Laver, *égoutter* et *dénoyauter* les cerises. *Faire fondre* le beurre dans une casserole et ajouter la gelée de *mûres*, bien mélanger *sur feu moyen* pendant 2 ou 3 minutes. Puis verser ½ l d'eau, le vin et le kirsch, et *faire bouillotter* pendant 5 minutes. Ajouter les cerises et le sucre, continuer *la cuisson* pendant 5 minutes. Laisser *tiédir* avant de servir.

Ingrédients pour 4 personnes

- 500 g de grosses cerises noires bien *mûres*
- 4 *cuillers à soupe* de gelée de *mûres*
- 40 g de beurre
- 4 cuillers à soupe de sucre
- 20 cl de vin rouge
- 20 cl de *kirsch*

Préparation: 15 minutes

Cuisson: 15 minutes

MÛR, MÛRE reif – **la cuiller à soupe** (f.) der Esslöffel – **mûre** (f.) Brombeere – **kirsch** (m.) Kirschwasser

À Colmar *comme dans le reste de l'Alsace, la soupe de cerises est servie, selon la coutume, lors du réveillon de Noël.* | PHOTO: *Getty Images*

Légendes **PRISÉ** h.: beliebt – **le réveillon de Noël** h.: das Festessen am Heiligabend
1–2 **alsacien, -ienne** aus dem Elsass – **particularité** (f.) Besonderheit – **entrée** (f.) h.: Vorspeise – **en conserve** (f.) h.: im Glas – **épaissir** eindicken – **maïzena** (f.) Maisstärke – **épices** (f. pl.) Gewürze – **cannelle** (f.) Zimt – **le pain de mie** (f.) das Toastbrot – **passer dans le beurre** gem.: in Butter braten
3–4 **kirsch** (m.) Kirschwasser – **toutefois** jedoch – **supprimer** h.: weglassen – **le jus de raisin** (m.) der Traubensaft – **égoutter** abtropfen lassen – **dénoyauter** entkernen – **faire fondre** zergehen lassen – **mûre** (f.) Brombeere – **sur feu** (m.) **moyen** bei mittlerer Hitze – **faire bouillotter** leise köcheln lassen – **la cuisson** h.: das Kochen – **tiédir** lauwarm werden

Bourgogne

- *Jambon persillé bourguignon*
- *Œufs en meurette*
- *Truite à la bourguignonne*
- *Lapin à la moutarde*
- *Tarte de semoule au cassis*

| PHOTOS: *Getty Images*

Au pays des gourmets: la Bourgogne

1 LA BOURGOGNE, située au centre-est de la France, à une centaine de kilomètres au sud de Paris, avec Dijon pour capitale administrative et culinaire, et Beaune pour capitale des vins, propose aux gourmets de ce monde de multiples plaisirs. La renommée de nombreuses spécialités *bourguignonnes s'est répandue* depuis longtemps *au-delà des* frontières de la région. Citons bien sûr *le bœuf bourguignon*, *le coq au vin*, *la fondue bourguignonne*, mais aussi les *gougères*, les *escargots de Bourgogne*, la moutarde de Dijon ou des fromages comme l'époisses et le chaource. Et, côté *boissons*, *outre* les grands crus *prestigieux* de Bourgogne, *la crème de cassis* et *le kir*.

2 Toutes les richesses de ce pays voisin de *la Franche-Comté* lui viennent d'une agriculture dynamique. En effet, la culture de *céréales* et d'*oléagineux* (*colza*, soja, *tournesol*) occupe les deux tiers de ses *terres arables*, son *élevage bovin* (avec le fameux *charolais*) est le deuxième de France derrière celui de l'Auvergne, et sa *viticulture*, réputée dans le monde entier (Côtes de Beaune, Mâconnais, Beaujolais...), s'étend sur 250 km et quelque 30 000 hectares et compte d'innombrables *appellations*.

3 Dijon propose chaque année une *foire* gastronomique internationale et tous les deux ans la Biennale internationale des arts culinaires. Enfin, les Hospices de Beaune avec leurs toits *bariolés* organisent tous les ans depuis 1859 leur traditionnelle et célèbre *vente aux enchères* des vins de leurs *vignobles* dont les *recettes* sont destinées à des *œuvres caritatives*.

Les Hospices *de Beaune et leurs toits colorés, typiques de l'architecture bourguignonne. Cet hôtel-Dieu construit au XVe siècle est situé sur la route des Grands Crus.*

La Bourgogne, *terre agricole, est la région d'origine de la fameuse charolaise, une race bovine que l'on reconnaît à sa robe blanche ou crème.*

Légendes **LES HOSPICES** (m. pl.) **de Beaune** (das Hôtel-Dieu ist ein ehemal. Krankenhaus in Beaune; 1443 gegründet; heute Teil der Hospices Civils de Beaune) – **la route des Grands Crus** (m. pl.) (etwa 60 km lange Weinstraße im Departement Côte-d'Or, Region Bourgogne-Franche-Comté), **un grand cru** ein Spitzenwein – **bovin** Rinder- – **robe** (f.) h.: Fell

0–1 **la Bourgogne** Burgund – **bourguignon, -onne** aus dem Burgund – **se répandre** s. verbreiten – **au-delà de qc** jenseits e-r S., über etw. hinaus – **le bœuf bourguignon** (vgl. „À table", Carl Schünemann Verlag, S. 26) – **le coq au vin** (m.) (vgl. „À table", Carl Schünemann Verlag, S. 22) – **la fondue bourguignonne** das Fleischfondue – **gougère** (f.) (mit Käse gefüllte Spezialität aus Brandteig) – **escargot** (m.) **de Bourgogne** Weinbergschnecke – **boisson** (f.) h.: alkoholisches Getränk – **outre** außer – **prestigieux, -ieuse** h.: namhaft – **la crème de cassis** (m.) der Johannisbeerlikör – **le kir** (Getränk aus Johannisbeerlikör und trockenem Weißwein)

2 **la Franche-Comté** (historische Region und ehemalige Verwaltungsregion; gehört heute zur Region Bourgogne-Franche-Comté) – **céréale** (f.) Getreide – **oléagineux** (m.) Ölpflanze – **colza** (m.) Raps – **tournesol** (m.) Sonnenblume – **les terres** (f. pl.) **arables** das Ackerland – **l'élevage** (m.) **bovin** die Rinderzucht – **le charolais** gem.: das Charolaisrind (Rinderrasse aus der Landschaft Charolais in Burgund) – **viticulture** (f.) Weinbau – **l'appellation** (f.) **(d'origine)** die Herkunftsbezeichnung

3 **foire** (f.) Jahrmarkt, h.: Messe – **bariolé** bunt – **la vente aux enchères** (f. pl.) die Auktion – **vignoble** (m.) Weinbaugebiet, Weinberg – **recettes** (f. pl.) h.: Erlös – **l'œuvre** (f.) **caritative** die Wohltätigkeitsorganisation **(caritatif, -ive)**

Jambon persillé bourguignon

1 PIQUE-NIQUE ou buffet *décontracté* entre amis, entrée rafraîchissante ou repas léger accompagné de baguette et d'une salade verte, le jambon persillé est idéal pour les mois d'été. Et surtout, il *incite* à se retrouver autour d'une grande *tablée*.

2 *Originaire de* la région dijonnaise, on l'appelait autrefois aussi jambon de *Pâques*, car c'était une spécialité *pascale* traditionnelle. Mais, les traditions prenant de nos jours certaines libertés, il *se déguste désormais* toute l'année. La recette en elle-même n'est pas compliquée, mais il convient de s'organiser *à l'avance*. En effet, il est préférable de commander votre viande quelques jours auparavant chez votre boucher, *la cuisson* est longue et la terrine a besoin de 12 heures au moins au réfrigérateur pour *gélifier*. Idéal donc pour une planification relaxe.

Servie en entrée *ou en plat principal, cette spécialité dijonnaise se déguste volontiers l'été.* | PHOTO: *Nicole Seidel-Guinebretière*

3 **Préparation.** Dans un grand *faitout* déposer le porc, *le jarret* et *le pied de veau*. Ajouter les carottes *épluchées* et coupées en grosses *rondelles*, l'oignon épluché et *piqué du clou de girofle*, *l'ail* épluché, le poivre et le *bouquet garni*. *Recouvrir* de vin blanc et compléter *si besoin* avec un peu d'eau. Couvrir, *porter à ébullition* et laisser cuire deux heures et demie. Pendant ce temps laver le *persil* et le *ciseler*.

4 Quand la viande est cuite, la *retirer* du faitout, l'*égoutter*, jeter le pied de veau. Passer le bouillon au *chinois* fin, ajouter le vinaigre et laisser *tiédir* jusqu'à ce que le liquide commence à gélifier. Couper la viande en gros morceaux.

5 Dans un petit saladier verser une *couche* de bouillon d'environ 1 cm, mettre au *congélateur* quelques minutes, puis *faire succéder* une couche de viande et une couche de persil en disposant ici et là quelques rondelles de carotte. Pour finir, recouvrir de bouillon et laisser refroidir. *Réserver* 12 heures au moins au réfrigérateur.

6 Avant le repas, poser la terrine quelques *instants* dans de l'eau chaude pour *démouler* le jambon persillé. Couper des tranches épaisses et servir avec de la baguette fraîche, des cornichons et de la moutarde (de Dijon, bien sûr) et, éventuellement, une salade verte.

Le bon accord: un vin rouge de Bourgogne, bien évidemment.

INGRÉDIENTS POUR 6 PERSONNES

- 1 kg de *palette de porc sans os*
- 250 g de *jarret de veau*
- 1 *pied de veau* coupé en deux
- 2 carottes
- 1 oignon
- 1 *clou de girofle*
- 2 *gousses d'ail*
- 1 *bouquet garni*
- 1 gros *bouquet de persil*
- 10 *graines de poivre* noir
- 5 cl de *vinaigre de vin blanc*
- 1 bouteille de vin blanc sec

0–2 JAMBON (m.) **persillé bourguignon** Sülze mit Petersilie nach Burgunder Art – **décontracté** locker, entspannt – **inciter** anregen – **la tablée** die Tischgesellschaft – **être originaire de** stammen aus – **Pâques** (m.) Ostern – **pascal** österlich – **se déguster** (mit Genuss) verzehrt werden – **désormais** nunmehr, jetzt – **à l'avance** (f.) im Voraus – **la cuisson** die Kochzeit – **gélifier** gelieren

3 **le faitout** der Kochtopf – **le jarret (de veau)** die Hachse (vom Kalb) – **le pied de veau** (m.) der Kalbsfuß – **éplucher** schälen – **rondelle** (f.) runde Scheibe – **piqué du clou** (m.) **de girofle** (m.) mit der Gewürznelke gespickt – **l'ail** (m.) der Knoblauch – **un bouquet garni** ein Bund Küchenkräuter – **recouvrir** h.: übergießen – **si besoin** falls erforderlich – **porter à ébullition** (f.) aufkochen – **persil** (m.) Petersilie – **ciseler** (Kräuter) klein hacken

4–6 **retirer** herausnehmen – **égoutter** abtropfen lassen – **chinois** (m.) h.: Spitzsieb – **tiédir** lauwarm werden – **couche** (f.) Schicht – **congélateur** (m.) Gefrierschrank – **faire succéder qc** etw. folgen lassen – **réserver** h.: zur Seite stellen – **instant** (m.) Augenblick – **démouler** aus der Form lösen – **le bon accord** h. gem.: das passende Getränk dazu

LA PALETTE **de porc** (m.) das Schweinefleisch aus der Schulter – **os** (m.) Knochen – **le jarret de veau** (m.) die Kalbshachse – **le pied de veau** (m.) der Kalbsfuß – **le clou de girofle** (m.) die Gewürznelke – **la gousse d'ail** (m.) die Knoblauchzehe – **un bouquet garni** ein Bund Küchenkräuter – **un bouquet de persil** (m.) ein Bund Petersilie – **la graine de poivre** (m.) das Pfefferkorn – **le vinaigre de vin blanc** der Weißweinessig

Œufs en meurette

1 VOICI UNE RECETTE facile et légère, idéale après les excès des fêtes de fin d'année par exemple. Et même si Paul Bocuse, le célèbre *chef étoilé* de *Collonges-au-Mont-d'Or, se* l'est *appropriée* en la *rebaptisant* «Œufs à la beaujolaise», cette recette est *bel et bien originaire de Bourgogne*. Toute la France l'a ensuite adoptée *en raison* sans doute *de* son caractère facile et vite fait, avec des ingrédients que l'on a toujours en réserve. Je me souviens que ma mère nous en faisait parfois les soirs d'hiver, lorsqu'elle *s'était attardée à faire les courses* et à *papoter* en route avec ses nombreuses *connaissances*.

Le grand chef *lyonnais Paul Bocuse, décédé en janvier 2018, a réinventé cette recette en utilisant un vin de sa région: le beaujolais.* | PHOTO: *Getty Images*

La sauce meurette *ou «sauce bourguignonne» se prépare traditionnellement avec du vin rouge de Bourgogne.* | PHOTO: *Getty Images*

Ingrédients pour 4 personnes

- 1 *oignon*
- 1 *gousse d'ail*
- 100 g de *poitrine fumée*
- 50 g de beurre
- 1 *c. s.* de farine
- 50 cl de beaujolais
- 50 ml de bouillon de viande
- 1 *bouquet garni* (*persil*, feuille de *laurier*, thym)
- 4 *tranches* de *pain de mie*
- 4 œufs
- sel, poivre du *moulin*

OIGNON (m.) Zwiebel – **la gousse d'ail** (m.) die Knoblauchzehe – **la poitrine fumée** der geräucherte Streifenspeck – **c. s.** (f.) = **cuiller** (f.) **à soupe** (f.) Esslöffel – **un bouquet garni** ein Bund Küchenkräuter – **persil** (m.) Petersilie – **le laurier** der Lorbeer – **tranche** (f.) Scheibe – **le pain de mie** (f.) das Toastbrot – **moulin** (m.) h.: Pfeffermühle

2 *Éplucher* et *émincer* l'*oignon*. Éplucher l'*ail*. Couper *la poitrine fumée* en *dés* fins. *Faire fondre* 20 g de beurre dans une *poêle* et y *faire revenir* la poitrine. *Retirer* les dés et *faire blondir* les oignons dans la même poêle. Ajouter l'ail pressé et *saupoudrer de farine*. Bien mélanger avant d'ajouter le vin et le bouillon, puis *le bouquet garni*.

3 Laisser *mijoter* la sauce *sur feu moyen* pendant 20 minutes, *sans couvrir*. Mélanger de temps en temps. *Faire dorer* les *tranches* de pain de mie dans le reste de beurre, les *disposer* sur quatre assiettes.

4 *Porter* la sauce *à ébullition*. Casser les œufs un à un *avec précaution* dans une *louche*, les *faire glisser doucement* dans la sauce et les laisser *pocher* environ 4 minutes.

5 *Ressortir* les œufs à l'aide d'une *écumoire*, les *déposer* sur les tranches de pain. Pendant ce temps remettre les dés de poitrine dans la sauce et verser celle-ci sur les œufs. Servir le tout très chaud, accompagné du même vin que celui qui a servi à la sauce.

6 Remarque: si pocher les œufs vous semble trop compliqué ou trop risqué, vous pouvez aussi faire cuire les *œufs mollets* que vous couperez en deux pour les déposer sur la tranche de pain. La recette peut aussi se faire sans pain de mie et sera alors accompagnée de baguette fraîche.

0–1 MEURETTE (f.) (Rotweinsauce, die zu Eiern, Fleisch- oder Fischgerichten gereicht wird) – **le chef étoilé** der Sternekoch – **Collonges-au-Mont-d'Or** (zur Métropole de Lyon gehörende Gemeinde, Region Auvergne-Rhône-Alpes) – **s'approprier qc** s. etw. zu eigen machen – **rebaptiser** umbenennen – **bel et bien** tatsächlich – **originaire de** stammend aus – **la Bourgogne** Burgund – **en raison** (f.) **de** aufgrund von – **s'attarder à faire les courses** (f. pl.) s. beim Einkaufen lange aufhalten – **papoter** (fam.) quatschen – **les connaissances** (f. pl.) h.: die Bekannten

2 **éplucher** schälen – **émincer** fein schneiden – **oignon** (m.) Zwiebel – **ail** (m.) Knoblauch – **la poitrine fumée** der geräucherte Bauchspeck – **dé** (m.) Würfel – **faire fondre** zergehen lassen – **poêle** (f.) Pfanne – **faire revenir** anbraten – **retirer** herausnehmen – **faire blondir** goldgelb braten – **saupoudrer de farine** (f.) mit Mehl bestäuben – **le bouquet garni** das Bund Küchenkräuter

3–4 **mijoter** köcheln – **sur feu** (m.) **moyen** bei mittlerer Hitze – **sans couvrir** ohne Deckel – **faire dorer** knusprig braun werden lassen – **tranche** (f.) h.: Scheibe – **disposer** h.: legen – **porter qc à ébullition** (f.) etw. aufkochen lassen – **avec précaution** (f.) behutsam, vorsichtig – **louche** (f.) Schöpfkelle, -löffel – **faire glisser** gleiten lassen – **doucement** behutsam **(doux, douce)** – **pocher** (gastr.) pochieren, in siedender Flüssigkeit garen

5–6 **ressortir** wieder herausholen – **écumoire** (f.) Schaumlöffel – **déposer** legen – **un œuf mollet** ein weichgekochtes Ei

Truite à la bourguignonne

1 LA BOURGOGNE est traversée par de nombreux fleuves et rivières, comme la Seine, la Loire et la Saône pour ne citer que les plus grands. Les poissons y sont donc *abondants*, notamment les truites, et principalement la truite dite fario ou truite de rivière. Les vins de Bourgogne, même les vins rouges, se mariant parfaitement avec les poissons au goût plus *prononcé* comme la truite, il *s'imposait* de les réunir. Il existe aussi une truite à la bourguignonne au vin blanc, mais je préfère celle au vin rouge, plus *goûteuse* et plus *douce*.

2 Préparer le *court-bouillon*. Pour cela, *éplucher* les carottes et les oignons et les couper en morceaux. Les mettre dans une casserole, recouvrir de vin et ajouter le *bouquet garni* et une prise de *gros sel marin*. *Porter à ébullition* et laisser cuire 20 minutes *sur feu doux*.

3 *Préchauffer* le *four* à 180°C. *Beurrer un plat à gratin*, laver et *éponger* les truites avec du *papier absorbant* et les déposer dans le plat. Recouvrir avec le court-bouillon *brûlant* et *enfourner* pour 15 à 20 minutes selon la grosseur des truites.

4 Pendant ce temps éplucher et *hacher* les échalotes, les *faire fondre* doucement dans 20 g de beurre dans une petite casserole. Couper le reste de beurre en morceaux et le mettre au *congélateur* pour qu'il ne devienne pas *huileux* plus tard dans la sauce.

5 Lorsque les poissons sont *cuits*, *éteindre* le four, *tamiser* le court-bouillon sur les échalotes, puis remettre les poissons au four pour les garder au chaud. *Faire réduire* le court-bouillon des deux tiers *sur feu vif*. *Baisser* la température et *incorporer en fouettant* le reste du beurre bien froid.

À Verdun-sur-le-Doubs, *commune située au confluent de la Saône et du Doubs, les poissons pêchés dans la rivière sont, selon la tradition, cuisinés avec du vin de Bourgogne.* | PHOTO: *Getty Images*

Un peu de carottes, *d'oignons et de vin rouge feront une parfaite truite bourguignonne.* | PHOTO: *Nicole Seidel-Guinebretière*

6 *Napper* les truites de quelques *cuillerées de sauce*, servir le reste en saucière. Accompagner les poissons avec les légumes du court-bouillon, avec des *pommes de terre vapeur* ou une purée. *Le bon accord:* le même bourgogne rouge que celui utilisé pour la *cuisson*.

INGRÉDIENTS POUR 2 PERSONNES

- 2 *truites parées*
- 100 g de petites carottes
- 100 g d'oignons
- 30 g d'échalotes
- 1 petit *bouquet garni*
- 35 cl de bourgogne rouge
- 45 g de beurre froid
- *gros sel marin* et poivre

Préparation: 30 minutes

Cuisson: 50 minutes environ

TRUITE (f.) Forelle – **parer** (Fische) küchenfertig machen, ausnehmen – **un bouquet garni** ein Bund Küchenkräuter – **le gros sel marin** das grobe Meersalz

Légendes **CONFLUENT** (m.) Zusammenfluss – **la Bourgogne** Burgund – **truite** (f.) Forelle – **bourguignon, -onne** aus dem Burgund

1–2 **abondant** reichlich vorhanden – **prononcé** h.: kräftig – **s'imposer** h.: s. anbieten – **goûteux, -euse** geschmacksintensiv – **doux, douce** h.: mild – **court-bouillon** (m.) Sud – **éplucher** schälen – **bouquet** (m.) **garni** Bund Küchenkräuter – **le gros sel marin** das grobe Meersalz – **porter à ébullition** (f.) aufkochen – **sur feu** (m.) **doux** bei schwacher Hitze

3 **préchauffer** vorheizen – **four** (m.) Backofen – **beurrer** mit Butter einfetten – **un plat à gratin** (m.) e-e Auflaufform – **éponger** abtupfen – **le papier absorbant** das Küchenpapier – **brûlant** kochend heiß – **enfourner** in den Backofen schieben

4–5 **hacher** klein hacken – **faire fondre** h.: andünsten – **congélateur** (m.) Gefrierschrank –**huileux, -euse** ölig – **cuit** gar – **éteindre** h.: ausschalten – **tamiser** h.: durch ein Sieb geben – **faire réduire** einkochen – **sur feu** (m.) **vif** bei starker Hitze – **baisser** senken – **incorporer en fouettant** mit dem Schneebesen unterrühren

6 **napper** übergießen – **une cuillerée de sauce** (f.) ein Löffel Sauce – **la pomme de terre** (f.) **vapeur** (f.) die Salzkartoffel – **le bon accord** h. gem.: das passende Getränk dazu – **cuisson** (f.) h.: Kochen

Lapin à la moutarde

1 LE LAPIN à la moutarde est l'un de ces grands classiques de la cuisine bourguignonne qui ont *conquis* le reste de la France. Il se prépare le plus souvent pour le déjeuner *dominical*, et bien évidemment avec de la moutarde de Dijon. Et l'on peut, *à défaut de* moutarde à l'ancienne, utiliser une moutarde normale, pas trop forte. *D'une simplicité désarmante*, cette recette est *inratable*, même pour la petite fille de sept ou huit ans que j'étais lorsque j'ai appris à la préparer. Elle était d'ailleurs devenue l'une de mes recettes préférées.

2 *Éplucher* et couper *grossièrement* les échalotes et l'ail. Faire chauffer de l'huile et le beurre dans une *cocotte* et *faire dorer* les morceaux de lapin des deux côtés *sur feu vif*. *Baisser le feu*, *retirer* la viande et la *réserver*.

3 Mettre les échalotes et l'ail dans la cocotte, les *faire fondre* dans le reste d'huile, ou ajouter *au besoin une noisette de* beurre. Ajouter la moutarde et la crème fraîche, *brasser* et ajouter le *bouquet garni*. *Verser* le vin blanc pour *déglacer* et laisser *s'évaporer* 1 ou 2 minutes, puis remettre le lapin dans la cocotte.

4 Verser *le fond de volaille*, brasser, couvrir et laisser *mijoter* 45 minutes ou plus *en fonction de* la grosseur des morceaux de viande. *Dresser* le lapin dans les assiettes, *napper* de sauce et servir *sans tarder*. Accompagner de petites pommes de terre *rissolées*, de purée ou de *pâtes*. *Le bon accord:* un *chablis* blanc ou un rouge de Bourgogne.

| PHOTO: *Fotolia/SOLLUB*

Au XVIIIe siècle, *le Dijonnais Jean Naigeon aurait eu l'idée de remplacer le vinaigre, habituellement mélangé aux graines de moutarde, par du verjus, un jus acide extrait de raisins cueillis verts. Ainsi serait née la moutarde forte, dite «de Dijon».* | PHOTO: *picture alliance/maxppp*

Dijon, *capitale de la moutarde, de la crème de cassis ou encore du pain d'épice.* | PHOTO: *Wikimedia Commons/Arnaud 25*

INGRÉDIENTS POUR 2 PERSONNES

- 2 *cuisses* de lapin ou 2 morceaux de *râble de lapin*
- 3 échalotes
- 2 *gousses d'ail*
- 2 *c. s.* d'huile
- 1 *noix de* beurre
- 2 c. s. de *moutarde à l'ancienne*
- 1 c. s. de moutarde de Dijon
- 2 c. s. de crème fraîche
- 10 cl de vin blanc
- 10 cl de *fond de volaille*
- 1 *bouquet garni*
- sel et poivre

Préparation: 15 minutes

Cuisson: 45 minutes

Légendes **GRAINE** (f.) **de moutarde** (f.) Senfkorn – **jus** (m.) Saft – **acide** sauer – **vert** h.: unreif – **fort** h.: scharf – **cassis** (m.) schwarze Johannisbeere – **le pain d'épice** (f.) der Gewürzkuchen

0–1 **lapin** (m.) Kaninchen – **conquérir** erobern – **dominical** sonntäglich – **à défaut** (m.) **de** mangels, anstatt – **d'une simplicité désarmante** von entwaffnender Einfachheit – **inratable** (fam.) gelingsicher

2 **éplucher** schälen – **grossièrement** grob – **cocotte** (f.) h.: Kochtopf – **faire dorer** goldbraun anbraten – **sur feu** (m.) **vif** bei starker Hitze – **baisser le feu** die Temperatur senken – **retirer** herausnehmen – **réserver** h.: zur Seite stellen

3 **faire fondre** h.: andünsten – **au besoin** (m.) bei Bedarf – **une noisette de** h.: ein haselnussgroßes Stück – **brasser** mischen – **un bouquet garni** ein Bund Küchenkräuter – **verser** zugießen – **déglacer** ablöschen – **s'évaporer** verdunsten

4 **le fond de volaille** (f.) der Geflügelfond – **mijoter** köcheln – **en fonction** (f.) **de** e-r S. entsprechend – **dresser** h.: anrichten – **napper** übergießen – **sans tarder** umgehend, unverzüglich – **rissoler** goldbraun braten – **pâtes** (f. pl.) Nudeln – **le bon accord** h. gem.: das passende Getränk dazu – **chablis** (m.) (trockener Weißwein aus dem Burgund)

CUISSE (f.) Schenkel – **le râble de lapin** (m.) der Kaninchenrücken – **la gousse d'ail** (m.) die Knoblauchzehe – **c. s.** (f.) **= cuiller** (f.) **à soupe** (f.) Esslöffel – **une noix de** h.: ein walnussgroßes Stück – **la moutarde à l'ancienne** gem.: der grobkörnige Senf – **le fond de volaille** (f.) der Geflügelfond – **un bouquet garni** ein Bund Küchenkräuter

La culture du cassis, *en Bourgogne, a donné naissance au fameux kir.* | PHOTO: *Fotolia/ Igor Normann*

Tarte de semoule au cassis

| PHOTO: *Nicole Seidel-Guinebretière*

INGRÉDIENTS POUR 6 PERSONNES

Pour *la pâte brisée*

- 200 g de farine
- 1 *cuiller à soupe* de sucre
- 150 g de beurre mou
- 10 cl d'eau froide
- 1 prise de sel

Pour la *garniture*

- 150 g de *semoule de blé*
- 50 cl de lait
- 3 œufs
- 250 g de sucre
- 1 *gousse de vanille*
- 300 g de *baies de cassis*
- sel

Préparation et cuisson:
50 minutes

LA PÂTE BRISÉE der Mürbeteig – **la cuiller à soupe** (f.) der Esslöffel – **garniture** (f.) h.: Belag – **la semoule de blé** (m.) der Weizengrieß – **la gousse de vanille** (f.) die Vanilleschote – **la baie de cassis** (m.) die schwarze Johannisbeere

1 *LA BOURGOGNE* est le deuxième producteur français de cassis après le Val de Loire et devant la vallée du Rhône. Cette culture est installée depuis très longtemps dans la région, notamment *à proximité de Dijon*, et les *cassissiers* étaient souvent plantés *en bordure des vignobles*. Les *baies de cassis* étaient traditionnellement utilisées en gelée et pour la fabrication de *ratafia* local, *boisson* alcoolisée consommée en apéritif.

2 Ce n'est qu'au milieu du XIXe siècle que fut inventée à Dijon la crème de cassis moderne, une liqueur devenue célèbre dans le monde entier grâce au kir. Ce dernier, autrefois nommé «blanc cass» pour blanc-cassis, doit son nom à un certain Félix Kir, *chanoine* et maire de Dijon dans les années 50–60. Moins connu que le kir, le «cardinal» ou «communard» *associe* cassis et vin rouge.

3 Préparer *la pâte brisée* en mélangeant successivement la farine, le sel et le beurre, puis le sucre. Pour finir ajouter l'eau froide progressivement par petites quantités. *Laisser* la pâte *reposer* pendant une heure au réfrigérateur. Pendant ce temps, faire cuire les baies de cassis dans une casserole avec ½ verre d'eau et 130 g de sucre jusqu'à avoir un *coulis*.

4 Séparer les blancs et les jaunes d'œufs. *Faire bouillir* le lait dans une casserole avec *la gousse de vanille coupée en deux dans le sens de la longueur*, laisser cuire 5 minutes, *retirer du feu*, enlever la gousse après avoir *gratté* les *graines* dans le lait. Remettre la casserole sur le feu et *verser* la semoule *en pluie* dans le lait bouillant en *brassant vigoureusement*. Laisser *tiédir*, puis ajouter les jaunes d'œufs et mélanger soigneusement.

5 *Préchauffer* le *four* à 180 °C. Mettre une prise de sel dans les blancs pour les *monter en neige ferme*, ajouter 120 g de sucre, *fouetter* encore quelques instants et *incorporer avec précaution* à la semoule. *Étaler* la pâte brisée *au rouleau* sur un *plan de travail fariné*. Beurrer et fariner *un moule à tarte* de 24 cm, y déposer la pâte et bien la *faire adhérer aux bords*, verser le coulis de cassis, puis recouvrir de semoule. Mettre au four pendant 40 minutes. Déguster la tarte *tiède*. *Le bon accord:* un petit verre de crème de cassis ou un crémant de Bourgogne.

0–2 **SEMOULE** (f.) Grieß – **cassis** (m.) schwarze Johannisbeere – **la Bourgogne** Burgund – **à proximité** (f.) **de** in der Nähe von – **Dijon** (Hauptstadt des Departements Côte-d'Or, Region Bourgogne-Franche-Comté) – **cassissier** (m.) schwarzer Johannisbeerstrauch – **en bordure** (f.) **de qc** entlang e-r S. – **vignoble** (m.) Weinberg – **la baie de cassis** (m.) die schwarze Johannisbeere – **ratafia** (m.) (Mischung aus Traubenmost und Weinbrand) – **boisson** (f.) Getränk – **chanoine** (m.) Domherr, Kanoniker – **associer** h.: kombinieren, mischen

3–4 **la pâte brisée** der Mürbeteig – **laisser reposer** ruhen lassen – **coulis** (m.) h.: Fruchtsauce – **faire bouillir** aufkochen lassen – **la gousse de vanille** (f.) die Vanilleschote – **coupé en deux dans le sens de la longueur** der Länge nach halbiert – **retirer du feu** (m.) vom Herd nehmen – **gratter** herauskratzen, -schaben – **graine** (f.) Samen – **verser en pluie** (f.) rieseln lassen – **brasser** mischen – **vigoureusement** kräftig **(vigoureux, -euse)** – **tiédir** lauwarm werden

5 **préchauffer** vorheizen – **four** (m.) Backofen – **monter (les blancs) en neige** (f.) **ferme** das Eiweiß zu steifem Schnee schlagen – **fouetter** (mit dem Schneebesen) schlagen – **incorporer** unterheben – **avec précaution** (f.) behutsam – **étaler au rouleau** ausrollen, **rouleau** (m.) h.: Nudelholz – **le plan de travail** (m.) die Arbeitsfläche – **fariner** mit Mehl bestäuben – **un moule à tarte** (f.) eine runde Kuchenform – **faire adhérer aux bords** (m. pl.) gem.: an den Rändern fest andrücken, **adhérer** festkleben – **tiède** lauwarm – **le bon accord** h. gem.: das passende Getränk dazu

Lyonnais

- *Salade lyonnaise*
- *Gratinée lyonnaise*
- *Saucisson brioché lyonnais*
- *Cervelle de canut*
- *Tarte aux pralines roses*

Les bonnes tables de Lyon

Restaurant familial, *bouchon traditionnel ou brasserie tendance: le centre-ville de Lyon fourmille de bonnes adresses.* | PHOTO: *Getty Images*

Lyon, ses façades *colorées et sa basilique Notre-Dame de Fourvière. Troisième ville française la plus peuplée après Paris et Marseille, l'ancienne capitale des Gaules compte quelque 500 000 habitants, sa métropole plus d'un million.* | PHOTO: *Getty Images*

1 «*VAUT MIEUX* prendre chaud en mangeant que froid en travaillant», une *locution* lyonnaise qui *annonce la couleur*! En effet, Lyon est internationalement renommée pour la qualité de sa gastronomie, *vantée* par *maintes* célébrités à travers les époques. *Érasme* et *Rabelais* au XVe siècle déjà, puis *Stendhal* en *firent l'éloge*. Et le grand critique culinaire Curnonsky *n'hésita pas* en 1935 *à* nommer Lyon «capitale mondiale de la gastronomie». La ville abrite d'ailleurs depuis des années un nombre impressionnant de *chefs étoilés*.

2 La culture culinaire de Lyon a évolué sous diverses influences: celles venues du Nord, avec l'Alsace, *la Lorraine* et la Bourgogne toutes proches, et celles du Sud, avec l'Italie et *le bassin méditerranéen*. La cuisine lyonnaise *s'affirme* par sa simplicité, son authenticité et sa *convivialité*. Sa qualité est garantie par les produits des *terroirs environnants* (*élevage*, fruits et légumes). Les nombreux *lacs*, *étangs* et fleuves de la région l'*alimentent* en poissons mais aussi en *écrevisses*, qui alliées au *brochet* donnent les fameuses *quenelles de brochet sauce Nantua*. Les *vignobles* enfin viennent arrondir le tout.

3 On ne peut pas *évoquer* la gastronomie lyonnaise sans mentionner les «mères lyonnaises». Ces anciennes cuisinières de maisons bourgeoises ouvrirent en ville dès le XVIIIe siècle des restaurants où elles proposaient une nourriture *roborative*, régionale et *populaire*. L'une des plus célèbres, la mère Brazier (1895–1977), fut la première femme à obtenir deux fois trois étoiles au Guide Michelin et c'est chez elle que *Paul Bocuse fit son apprentissage*.

4 Autre particularité lyonnaise: les bouchons, petits restaurants typiques où sont servies uniquement des spécialités locales, dont le *mâchon matinal* composé entre autres de «*cochonnailles*», de *cervelle de canut* et *arrosé d'un verre de vin* rouge. Leur nom n'a rien à voir avec un *bouchon* de bouteille, mais vient d'un *terme* de vieux français désignant les *enseignes suspendues* à la porte des *cabarets*.

À Lyon, *une fresque géante rend hommage à Paul Bocuse, figure incontournable de la région et de la gastronomie française.* | PHOTO: *picture alliance/ maxppp*

Légendes **BOUCHON** (m.) h.: kleines typisches Lyoner Lokal – **brasserie** (f.) h.: Café-Restaurant – **fourmiller de qc** von etw. wimmeln – **incontournable** unumgänglich – **la capitale des Gaules** (zur Zeit des römischen Reiches war Lyon – damals Lugdunum genannt – die Hauptstadt der gallischen Provinzen)

0–1 **table** (f.) h.: Restaurant – **(il) vaut mieux faire qc** es ist besser, man tut etw. – **locution** (f.) Redewendung – **annoncer la couleur** gleich Farbe bekennen – **vanter qc** etw. (an)preisen – **maint/e** manche(r, s) – **Érasme** (um 1469–1536; niederländischer Gelehrter des Renaissance-Humanismus) – **Rabelais** (1494–1553; frz. Schriftsteller, Ordensbruder und Arzt) – **Stendhal** (1783–1842; frz. Schriftsteller) – **faire l'éloge** (m.) **de qn/qc** s. lobend über jdn./etw. äußern – **ne pas hésiter à faire qc** s. nicht scheuen, etw. zu tun – **le chef étoilé** der Sternekoch

2 **la Lorraine** Lothringen – **le bassin méditerranéen** der Mittelmeerraum – **s'affirmer** s. behaupten – **convivialité** (f.) Geselligkeit – **les terroirs** (m. pl.) **environnants** h.: das Umland – **élevage** (m.) Vieh-, Geflügelzucht – **lac** (m.) See – **étang** (m.) Teich – **alimenter** h.: versorgen – **écrevisse** (f.) Flusskrebs – **brochet** (m.) Hecht – **la quenelle de brochet** (m.) das Hechtklößchen – **la sauce Nantua** (Flusskrebssoße; benannt nach der Gemeinde Nantua, 100 km nordöstlich von Lyon) – **vignoble** (m.) Weinbaugebiet, Weinberg

3–4 **évoquer qc** von etw. sprechen, etw. erwähnen – **roboratif, -ive** stärkend, reichhaltig – **populaire** h. gem.: für jedermann zugänglich – **Paul Bocuse** (1926–2018; frz. Spitzenkoch) – **faire son apprentissage** (m.) in die Lehre gehen – **mâchon** (m.) (reichhaltiges Frühstück in typischen Lyoner Lokalen) – **matinal** morgendlich – **cochonnailles** (f. pl.) Wurstwaren – **la cervelle de canut** (siehe Rezept S. 20), **cervelle** (f.) Hirn, **canut/canuse** (m./f.) Seidenweber/in in Lyon – **arroser qc d'un verre de vin** (m.) zu etw. ein Glas Wein trinken – **bouchon** (m.) h.: Korken – **terme** (m.) h.: Wort, Ausdruck – **enseigne** (f.) h.: Schild – **être suspendu** hängen – **cabaret** (m.) h. (früher): Schankwirtschaft

Salade lyonnaise

1 LA CUISINE lyonnaise a son propre vocabulaire: les pommes de terre par exemple sont parfois dénommées «truffes» et *pissenlit* se dit «baraban». C'est d'ailleurs ce dernier que j'utilise de préférence, et dans la mesure du possible, pour cette salade, car il lui donne un goût plus *prononcé* qui *se marie* parfaitement *avec* les autres ingrédients. Il se trouve sur les marchés, dans certains magasins, mais aussi un peu partout dans la nature, et il vaut mieux le *cueillir* avant la *floraison*, il est alors plus *tendre*. On peut également prendre de la *roquette*. De même, les *lardons* peuvent être remplacés par des *foies de volaille*, et si l'on *craint de se lancer* dans le *pochage* des œufs, des *œufs mollets* coupés en deux *font* aussi *l'affaire*. La salade lyonnaise est l'un des *piliers* de la tradition culinaire locale, autant dans les familles que dans les bouchons.

2 Laver soigneusement la salade et l'*essorer*. Couper le *lard* en lamelles et le *faire rissoler* dans une *poêle*, avec juste un tout petit peu d'huile. *Éplucher* et *hacher finement* l'*échalote* et l'ail. Mélanger dans un *saladier* la *moutarde* et le vinaigre de vin rouge, puis l'huile. Saler, poivrer. Ajouter l'échalote, l'ail et *le jus de cuisson* des lardons. Couper le pain en *cubes*, *faire fondre* le beurre dans une poêle et y *faire dorer* les croûtons.

3 *Faire bouillir* 2 litres d'eau dans une casserole avec *le vinaigre d'alcool blanc*. *Baisser le feu,* l'eau ne doit que *frémir*. Casser chaque œuf successivement dans une *louche*, *plonger* la louche dans l'eau vinaigrée pour *libérer* l'œuf. Laisser cuire pendant 3 minutes. Lorsque les œufs sont pochés, les *retirer* avec une *écumoire* et les *déposer* sur du *papier absorbant*. Mettre dans le saladier la salade, les lardons et les croûtons. *Brasser* et *répartir* sur 4 assiettes. Déposer un œuf poché dans chaque assiette et servir sans attendre. *Le bon accord:* un vin rouge de la vallée du Rhône ou un beaujolais.

| PHOTO: *Nicole Seidel-Guinebretière*

Dans le vieux Lyon, *la rue Saint-Jean invite touristes et flâneurs à faire une pause gourmande dans ses bouchons, petits restaurants qui proposent des spécialités locales.* | PHOTO: *Getty Images*

Ingrédients pour 4 personnes

- 400 g de *pissenlits* ou de *roquette*
- 150 g de *lard fumé*
- 4 œufs
- 4 *tranches* de *pain de mie*
- 10 g de beurre
- 1 *échalote*
- 1 *gousse d'ail*
- 1 *c. c.* de *moutarde*
- 1 *c. s.* de vinaigre de vin rouge
- 3 c. s. d'huile
- 10 cl de *vinaigre d'alcool blanc*
- sel, poivre

Préparation: 20 minutes
Cuisson: 3 minutes

PISSENLIT (m.) Löwenzahn – **roquette** (f.) Rucola – **le lard fumé** der geräucherte Bauchspeck – **tranche** (f.) Scheibe – **le pain de mie** das Toastbrot, **la mie** die Krume – **échalote** (f.) Schalotte – **la gousse d'ail** (m.) die Knoblauchzehe – **c. c.** (f.) = **cuiller** (f.) **à café** (m.) Teelöffel – **moutarde** (f.) Senf – **c. s.** (f.) = **cuiller** (f.) **à soupe** (f.) Esslöffel – **le vinaigre d'alcool** (m.) **blanc** der Branntweinessig

Légende BOUCHON (m.) h.: kleines typisches Lyoner Restaurant

0–1 **lyonnais** aus Lyon, aus der Gegend von Lyon – **pissenlit** (m.) Löwenzahn – **prononcé** h.: kräftig – **se marier avec qc** zu etw. passen – **cueillir** pflücken – **floraison** (f.) Blütezeit – **tendre** h.: zart – **roquette** (f.) Rucola – **lardon** (m.) Speckwürfel – **le foie de volaille** (f.) die Geflügelleber – **craindre de faire qc** s. davor fürchten, etw. zu tun – **se lancer** h.: wagen – **pochage** (m.) Pochieren – **un œuf mollet** ein weichgekochtes Ei – **faire l'affaire** (f.) (fam.) geeignet sein, es tun – **pilier** (m.) Pfeiler, h. (fig.): Säule

2 **essorer** schleudern – **lard** (m.) Bauchspeck – **faire rissoler** anbraten – **poêle** (f.) Pfanne – **éplucher** schälen – **hacher finement** fein hacken – **échalote** (f.) Schalotte – **saladier** (m.) Salatschüssel – **moutarde** (f.) Senf – **le jus de cuisson** (f.) der Bratensaft, - Sud – **cube** (m.) Würfel – **faire fondre** zergehen lassen – **faire dorer** goldbraun braten

3 **faire bouillir** zum Kochen bringen – **le vinaigre d'alcool** (m.) **blanc** der Branntweinessig – **baisser le feu** die Hitze reduzieren – **frémir** h.: sieden – **louche** (f.) Schöpfkelle, -löffel – **plonger** tauchen – **libérer** befreien, h.: loslassen, ins Wasser geben – **retirer** herausnehmen – **écumoire** (f.) Schaumlöffel, -kelle – **déposer** legen – **le papier absorbant** das Küchenpapier – **brasser** mischen – **répartir** verteilen – **le bon accord** h. gem.: das passende Getränk dazu

Gratinée lyonnaise

1 LA RÉGION lyonnaise est réputée depuis toujours pour sa cuisine, souvent assez *riche*. Parmi ses *copieuses* spécialités, on compte la fameuse gratinée, un plat parfait *pour affronter le froid* de l'hiver et assez *consistant* pour constituer à lui seul un repas complet.

2 La soupe à l'oignon n'est pas spécifiquement lyonnaise, on la mange dans toute la France. Mais la gratinée lyonnaise utilise d'une part des *oignons paille*, une variété jaune, assez grosse et de forme légèrement *aplatie*. Et d'autre part, elle est enrichie d'un jaune d'œuf et de *porto*. Certains ajoutent même du cognac.

3 *Éplucher* l'oignon et le couper en lamelles. *Faire fondre* le beurre dans une casserole, y jeter les lamelles d'oignon et les *faire colorer* en *brassant* régulièrement pendant environ 10 minutes. Verser *le bouillon de volaille* et le vin blanc, ajouter *le bouquet garni*, *porter à ébullition* et laisser *mijoter* pendant une bonne demi-heure *à feu doux*. Pendant ce temps *faire griller* les *tranches* de pain et *préchauffer* le *four* à 210°C.

4 *Déposer* dans le fond de chaque *bol* une *couche* de pain, puis ajouter une couche de *fromage râpé*, puis une couche d'oignons, et à nouveau une couche de pain, une de râpé et une d'oignons. *Verser* le bouillon *par-dessus* et recouvrir d'une nouvelle couche de fromage. *Enfourner* et laisser *gratiner* jusqu'à ce que le fromage soit bien *doré*.

5 Mélanger le jaune d'œuf et le porto, faire un *trou* dans le fromage au milieu du bol, *y verser le mélange* et brasser *doucement* de haut en bas avec une *fourchette*. Servir très chaud.

Voilà une soupe à l'oignon *idéale pour se réchauffer par temps froid.* | PHOTO: *Nicole Seidel-Guinebretière*

| PHOTO: *Getty Images*

Ingrédients pour 2 personnes

- 1 gros oignon
- 25 g de beurre
- 25 cl de *bouillon de volaille*
- 25 cl de vin blanc
- 1 *bouquet garni*
- 250 g d'emmental *râpé*
- 2 tranches de pain de campagne
- 5 cl de *porto* rouge
- 1 jaune d'œuf
- sel, poivre

Préparation: 15 minutes

Cuisson: 50 minutes

LE BOUILLON de volaille (f.) die Hühnerbrühe – **un bouquet garni** ein Bund Küchenkräuter – **râpé** gerieben – **porto** (m.) Portwein

0–1 **GRATINÉE** (f.) (mit Käse überbackene Zwiebelsuppe) – **riche** h.: reichhaltig, gehaltvoll – **copieux, -ieuse** üppig, reichhaltig – **pour affronter le froid** gem.: gegen die Kälte, **affronter qc** h.: für etw. gerüstet sein – **consistant** gehaltvoll

2–3 **un oignon paille** gem.: eine gelbe Gemüsezwiebel, **paille** (f.) Stroh – **aplati** abgeflacht – **porto** (m.) Portwein – **éplucher** schälen – **faire fondre** zergehen lassen – **faire colorer** goldgelb werden lassen – **brasser** rühren – **le bouillon de volaille** (f.) die Hühnerbrühe – **le bouquet garni** das Bund Küchenkräuter – **porter à ébullition** (f.) aufkochen – **mijoter** köcheln – **à feu** (m.) **doux** bei schwacher Hitze – **faire griller** h.: toasten – **tranche** (f.) Scheibe – **préchauffer** vorheizen – **four** (m.) Backofen

4–5 **déposer** h.: legen – **bol** (m.) h.: Suppenschale – **couche** (f.) Schicht – **le fromage râpé** der geriebene Käse – **verser par-dessus** darüber schütten – **enfourner** in den Backofen schieben – **gratiner** überbacken – **doré** h.: goldgelb gebacken – **trou** (m.) Loch – **y verser le mélange** die Mischung hineingießen – **doucement** h.: behutsam – **fourchette** (f.) Gabel

Saucisson brioché lyonnais

| PHOTO: *Nicole Seidel-Guinebretière*

INGRÉDIENTS POUR 6 PERSONNES

- 1 *saucisson* de Lyon
- 10 g de *levure lyophilisée* (ou 15 g de levure fraîche)
- 250 g de farine
- 4 œufs
- 5 cl de lait
- 150 g de beurre *mou*
- 1 *c. s.* de sucre
- 5 g de sel

Préparation: 20 minutes

Temps de repos: 1 heure et demie

Cuisson: 45 minutes

SAUCISSON (m.) h.: Wurst – **la levure lyophilisée** die Trockenhefe – **mou, mol, molle** weich – **c. s.** (f.) = **cuiller** (f.) **à soupe** (f.) Esslöffel – **le temps de repos** (m.) (Teig) die Ruhezeit

Le cervelas pistaché *est une variété raffinée de saucisson à cuire que l'on trouve à Lyon.*
| PHOTO: *Fotolia/solivo*

1 LE SAUCISSON de Lyon est un gros saucisson à cuire qui *n'a rien de commun avec* son homonyme allemand. Appelé aussi «cervelas lyonnais», il est *pur porc* et on le trouve en version nature, pistachée ou *truffée*. Il existe deux principales spécialités de saucisson lyonnais. Traditionnellement il est servi cuit et coupé en *rondelles* avec des *pommes de terre vapeur*, également coupées en rondelles, et accompagné de beurre et d'une salade verte, éventuellement aussi de *moutarde*. Le saucisson brioché lyonnais lui est *bouilli* dans de l'eau avant d'être cuit au *four*, *enroulé* dans une *pâte à brioche*. Il existe pour cette dernière différentes recettes, chaque famille ayant sa préférence.

Préparer la pâte

2 *Dissoudre* la *levure* dans le lait *tiède*, puis *incorporer* 60 g de farine. *Couvrir* et *réserver* 15 minutes. Mettre le reste de la farine avec le sucre et le sel dans un grand *saladier*, ajouter 3 œufs un à un en mélangeant avec un *batteur électrique*. Ajouter ensuite le beurre *mou* et continuer de *pétrir* la pâte pendant plusieurs minutes. Couvrir et *laisser reposer* 1 heure et demie *à température ambiante*.

Préparer le saucisson

3 Faire cuire le saucisson dans de l'eau *bouillante* pendant 30 minutes, le laisser *tiédir* et *enlever la peau*. *Préchauffer* le four à 200 °C. *Étendre* la pâte *au rouleau* en formant un *rectangle*, qui n'a pas besoin d'être *régulier*. Battre le quatrième œuf, en *badigeonner* le saucisson sur toutes les *faces* pour que la pâte *adhère* bien. Poser le saucisson sur un bord de la pâte et l'enrouler dans celle-ci. Couper les deux *bouts* du cylindre ainsi obtenu et bien *souder* les *extrémités*. Badigeonner avec le reste d'œuf battu. *Mettre au four* pendant 15 minutes.
Laisser tiédir et servir avec quelques cornichons et une salade verte, éventuellement avec de *la cervelle de canut*. *Le bon accord:* un vin de la vallée du Rhône léger.

Légende **PISTACHÉ** mit Pistazien gespickt – **saucisson** (m.) h.: Wurst
0–1 **brioché** gem.: im Brioche-Teig-Mantel – **lyonnais** aus der Stadt Lyon, aus der Gegend von Lyon – **n'avoir rien de commun avec qc** mit etw. nichts gemein haben – **pur porc** (m.) aus reinem Schweinefleisch – **truffé** mit Trüffeln gespickt – **rondelle** (f.) runde Scheibe – **la pomme de terre** (f.) **vapeur** (f.) die Salzkartoffel – **moutarde** (f.) Senf – **bouillir** kochen – **four** (m.) Backofen – **enrouler** einrollen – **la pâte à brioche** (f.) der Brioche-Teig (Hefeteig)
2 **dissoudre** auflösen – **levure** (f.) Hefe – **tiède** lauwarm – **incorporer** h.: beimischen, beimengen – **couvrir** h.: abdecken – **réserver** h.: zur Seite stellen – **saladier** (m.) Rührschüssel – **le batteur électrique** das Rührgerät – **mou, molle** weich – **pétrir** kneten – **laisser reposer** ruhen lassen – **à température** (f.) **ambiante** bei Zimmertemperatur
3 **bouillant** kochend – **tiédir** lauwarm werden – **enlever la peau** die Haut abziehen, - ablösen – **préchauffer** vorheizen – **étendre au rouleau** ausrollen, **rouleau** (m.) h.: Nudelholz – **rectangle** (m.) Rechteck – **régulier, -ière** h.: (geometrisch) präzise – **badigeonner** bepinseln – **face** (f.) h.: Seite – **adhérer** haften – **bout** (m.) Ende – **souder** schweißen, h.: fest zudrücken – **extrémité** (f.) Ende, h. gem.: Rand – **mettre au four** (m.) in den Backofen schieben – **la cervelle de canut** (m.) (siehe Rezept S. 20), **cervelle** Hirn, **canut/canuse** (m./f.) Seidenweber/in in Lyon – **le bon accord** h. gem.: das passende Getränk dazu

La cervelle de canut *est un fromage blanc battu et aromatisé aux fines herbes. On l'accompagne souvent d'une salade ou de pain grillé.* | PHOTO: *Nicole Seidel-Guinebretière*

INGRÉDIENTS POUR 2 PERSONNES

- 200 g de *fromage blanc*
- 1 *c. s.* de crème fraîche
- 1 *gousse d'ail*
- 1 petite échalote
- 1 *oignon nouveau*
- 50 g de *fines herbes* (*ciboulette, cerfeuil, persil*)
- 1 c. s. de vinaigre de vin
- 1 prise de sel
- *poivre du moulin*

Égouttage: 12 heures
Préparation: 15 minutes

LE FROMAGE blanc der Quark – **c. s.** (f.) **= cuiller** (f.) **à soupe** (f.) Esslöffel – **la gousse d'ail** (m.) die Knoblauchzehe – **un oignon nouveau** e-e Frühlingszwiebel – **les fines herbes** (f. pl.) die Küchenkräuter – **ciboulette** (f.) Schnittlauch – **cerfeuil** (m.) Kerbel – **persil** (m.) Petersilie – **le poivre du moulin** (m.) der Pfeffer aus der Mühle – **égouttage** (m.) Abtropfen

Cervelle de canut

1 LES CANUTS étaient les *ouvriers lyonnais* qui travaillaient dans les manufactures de soie au XIXe siècle. Comme pour tous les *tisserands*, leurs conditions de travail étaient *pénibles* et leur salaire maigre. Le nom de «cervelle de canut» pour ce *mets incontournable* de la cuisine lyonnaise viendrait de sa *ressemblance* avec la cervelle d'*agneau*, que les ouvriers, trop pauvres, *ne pouvaient s'offrir*. L'autre dénomination moins connue de ce plat, le claqueret, *se référerait au fait qu'*il fallait «*claquer*» le fromage pour qu'il soit réussi.

2 De nos jours, à Lyon, la cervelle de canut est servie dans un *bol* avec du pain grillé ou des *pommes de terre vapeur*, ou encore avec une *frisée* ou une salade de *pissenlit*. Elle fait également partie d'une tradition locale, le *mâchon*, proposée dans la *matinée* par les restaurants traditionnels de la ville et *héritée* des canuts qui partageaient leur fromage blanc *à l'aube* après quelques heures de travail.

3 Après avoir bien *égoutté la veille* le fromage blanc au-dessus d'un bol ou d'un *saladier*, *ciseler* les fines herbes, *éplucher* et *hacher* l'*échalote*, l'oignon et l'*ail*. *Fouetter* le fromage avec la crème fraîche, saler et poivrer. Ajouter les herbes, l'échalote, l'ail, l'oignon et le vinaigre, bien mélanger, *rectifier l'assaisonnement au besoin* et mettre au réfrigérateur. Et voilà, *le tour est joué*. Il est aussi possible de préparer le tout à l'avance et de le *laisser* un jour *au frais*. *Le bon accord:* un beaujolais rouge ou un mâcon blanc.

Dans une usine *à soie, à Lyon en 1946. Les canuts, dont les révoltes ont été violemment réprimées au XIXe siècle, ont marqué l'histoire sociale de la ville.* | PHOTO: *Getty Images*

Légendes **CERVELLE** (f.) Hirn – **canut/canuse** (m./f.) Seidenweber/in in Lyon – **le fromage blanc** der Quark – **les fines herbes** (f. pl.) die Küchenkräuter – **soie** (f.) Seide – **violemment** gewaltsam – **réprimer** h.: niederschlagen

1 **ouvrier/-ière** (m./f.) Arbeiter/in – **lyonnais** aus der Stadt Lyon, aus der Gegend von Lyon – **tisserand/e** (m./f.) Weber/in – **pénible** anstrengend, hart – **mets** (m.) Speise, Gericht – **incontournable** unumgänglich – **ressemblance** (f.) Ähnlichkeit – **agneau** (m.) Lamm – **ne pas pouvoir s'offrir qc** s. etw. nicht leisten können – **se référer au fait** (m.) **que** s. auf die Tatsache beziehen, dass – **claquer** h.: schlagen

2 **bol** (m.) kleine Schüssel – **la pomme de terre** (f.) **vapeur** die Salzkartoffel, **vapeur** (f.) Dampf – **frisée** (f.) Friséesalat – **pissenlit** (m.) Löwenzahn – **mâchon** (m.) (reichhaltiges Frühstück in typischen Lyoner Lokalen) – **matinée** (f.) Vormittag – **hériter** erben – **à l'aube** (f.) im Morgengrauen

3 **égoutter** abtropfen lassen – **la veille** am Vortag – **saladier** (m.) Salatschüssel – **ciseler** (Kräuter) klein hacken – **éplucher** schälen – **hacher** klein hacken – **échalote** (f.) Schalotte – **ail** (m.) Knoblauch – **fouetter** h.: verquirlen – **rectifier l'assaisonnement** (m.) nachwürzen – **au besoin** (m.) bei Bedarf – **le tour est joué** die Sache ist geritzt, - erledigt – **laisser au frais** (m.) kühl lagern – **le bon accord** h. gem.: das passende Getränk dazu

Tarte aux pralines roses

La touche sucrée *et croquante des pralines roses est aussi la bienvenue dans des petites brioches.* | Photos: *Nicole Seidel-Guinebretière*

1 UNE PRALINE est en France un *bonbon* constitué d'une *amande* enveloppée de sucre cuit, *teinté* et parfumé de diverses manières: c'est une spécialité de *Montargis*. Les pralines roses, *par contre*, sont une spécialité bien lyonnaise, difficile à trouver dans beaucoup de coins de France. J'ai *d'ailleurs* dû *faire* tous les *confiseurs* de deux villes de l'Ouest avant d'en *dénicher*. À Lyon, les pralines roses *entrent dans la composition de* tartes ou de brioches, et toutes les *pâtisseries* de la ville en proposent. On *prétend* d'ailleurs que visiter Lyon sans en acheter ou en *déguster* serait un sacrilège. La praline rose se consomme également comme une *sucrerie*. Mais attention: quand on commence, pas facile de s'arrêter!

2 Préparer *la pâte sablée*. Pour cela, mettre la farine dans le *bol* d'un *robot ménager* avec le sucre et le sel. Ajouter le beurre et l'œuf et mélanger le tout jusqu'à obtenir rapidement une pâte homogène. Former une *boule*, l'envelopper de *film alimentaire* et *laisser reposer* 45 minutes au réfrigérateur. Ensuite *préchauffer* le *four* à 180°C, puis *beurrer* et *fariner un moule à tarte*. *Étaler* la pâte *au rouleau* sur une *épaisseur* de 5 mm environ, la déposer dans le moule, *piquer* le *fond* avec une fourchette, couvrir de *papier cuisson*, puis *répartir* une tasse de *légumes secs* sur le papier (il existe aussi *dans le commerce* des *billes* métalliques, plus hygiéniques, qu'on peut utiliser à cet effet).

3 Faire *cuire* la pâte *à blanc* pendant 20 minutes. Sortir du four et *laisser refroidir*. Retirer le papier cuisson et son *lestage*. Placer les pralines dans un *sac de congélation* et les *concasser grossièrement* à l'aide d'un *rouleau à pâtisserie*. Les mettre dans une casserole avec la crème, *porter à ébullition* en mélangeant, *baisser le feu* et faire cuire *à feu doux* environ un quart d'heure. *Retirer du feu*. Laisser *tiédir* quelques minutes, *verser* sur la pâte et laisser refroidir *à température ambiante* avant de servir. *Le bon accord:* comme pour tous les desserts, un *crémant* ou *un vin doux*.

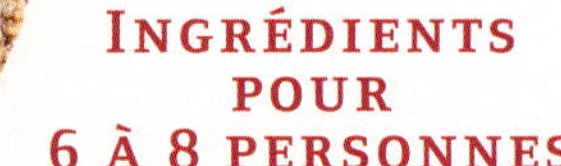

Ingrédients pour 6 à 8 personnes

Pour *la pâte sablée*

- 250 g de farine
- 175 g de beurre *mou*
- 75 g de sucre
- 1 œuf
- 1 *pincée* de sel

Pour la *garniture*

- 200 g de *pralines roses*
- 300 g de *crème liquide*

Préparation: 20 minutes
Temps de repos: 45 minutes
Cuisson: 35 minutes

LA PÂTE sablée der süße Mürbeteig – **mou, mol, molle** weich – **garniture** (f.) h.: Belag – **la praline rose** die rosafarbene gebrannte Mandel – **la crème liquide** die Schlagsahne – **pincée** (f.) Prise – **le temps de repos** (m.) (Teig) die Ruhezeit

0–1 **LA PRALINE ROSE** die rosafarbene gebrannte Mandel – **bonbon** (m.) h.: Süßigkeit – **amande** (f.) Mandel – **teinter** färben – **Montargis** (Stadt im Departement Loiret, 125 km südlich von Paris) – **par contre** dagegen – **d'ailleurs** übrigens – **faire** h. (fam.): abklappern – **confiseur** (m.) Zuckerbäcker; Süßwarenhändler – **dénicher** ausfindig machen – **entrer dans la composition de qc** für etw. verwendet werden – **pâtisserie** (f.) h.: Bäckerei-Konditorei – **prétendre** behaupten – **déguster** kosten, genießen – **sucrerie** (f.) Süßigkeit

2 **la pâte sablée** der (süße) Mürbeteig – **bol** (m.) h.: Schüssel – **le robot ménager** die Küchenmaschine – **boule** (f.) Kugel – **le film alimentaire** die Frischhaltefolie – **laisser reposer** ruhen lassen – **préchauffer** vorheizen – **four** (m.) Backofen – **beurrer** mit Butter einfetten – **fariner** mit Mehl bestäuben – **un moule à tarte** (f.) e-e runde Kuchenform – **étaler au rouleau** ausrollen, **rouleau** (m.) h.: Nudelholz – **épaisseur** (f.) Dicke – **piquer** einstechen – **fond** (m.) h.: (Teig-)Boden – **le papier cuisson** (f.) das Backpapier – **répartir** verteilen – **les légumes** (m. pl.) **secs** die Hülsenfrüchte – **dans le commerce** im Handel – **bille** (f.) Murmel

3 **cuire à blanc** blindbacken – **laisser refroidir** abkühlen lassen – **le lestage** der Ballast, h. gem.: die Hülsenfrüchte – **le sac de congélation** (f.) der Gefrierbeutel – **concasser** zerkleinern – **grossièrement** grob **(grossier, -ière)** – **le rouleau à pâtisserie** (f.) das Nudelholz – **porter à ébullition** (f.) aufkochen – **baisser le feu** die Temperatur senken – **à feu** (m.) **doux** bei schwacher Hitze – **retirer du feu** (m.) vom Herd nehmen – **tiédir** lauwarm werden – **verser** gießen – **à température** (f.) **ambiante** bei Zimmertemperatur – **le bon accord** h. gem.: das passende Getränk dazu – **crémant** (m.) Sekt, Crémant – **un vin doux** ein Dessertwein **(doux, douce)**

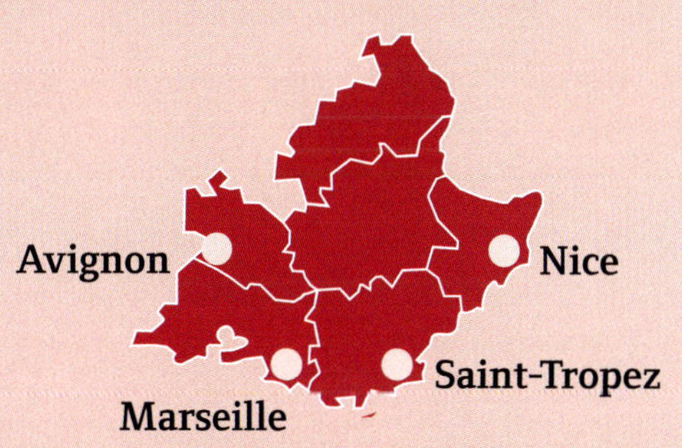

Provence

- *La bouillabaisse du port*
- *Fenouil grillé au pastis*
- *Aïoli garni*
- *Sardines en escabèche*
- *Tarte tropézienne*

Un goût de Provence

Voilà un paysage *qui évoque les doux parfums de Provence: le plateau de Valensole, au sud-ouest de Digne-les-Bains, et ses vastes champs de lavande.* | PHOTO: *Getty Images*

1 DES CHAMPS de lavande, des marchés colorés sous un ciel d'été, un pastis pris à la terrasse d'un café où chante l'accent *méridional*, un long repas *convivial en plein air*... Ce sont les images qui viennent d'abord à l'esprit quand on pense à la Provence. La joie de vivre dans ce pays du *Midi* passe aussi par une cuisine ensoleillée, faite à l'huile d'olive, parfumée aux *fines herbes*, riche en poissons, en viandes et en légumes... Impossible de ne pas *évoquer* la légendaire bouillabaisse, l'aïoli ou la ratatouille qui met à l'honneur *courgettes*, aubergines, *poivrons* et tomates...

2 Justement, les tomates. Venues d'Amérique du Sud et appelées autrefois «pommes d'amour», elles sont *apparues* en Espagne et en Italie, avant d'arriver en Provence au XVIIIe siècle. Là, elles ont révolutionné les habitudes alimentaires. Les *ménagères* les ont vite adoptées pour en faire *notamment* des conserves et des sauces pour l'hiver. Les sauces étaient mises en bouteille, avec un peu d'huile dans le *goulot* afin de les conserver. Mais ce n'est qu'à la Révolution que les tomates *conquièrent* la France entière.

3 Autre spécialité *provençale*, l'olive *est établie depuis la nuit des temps* dans *le bassin méditerranéen* et il en existe de nombreuses variétés, de l'Aglandau à la Bouteillan en passant par la Picholine ou la Grossane. *Quant au* pastis, *siroté* entre copains ou collègues, il ne fut inventé qu'au début du siècle dernier pour remplacer l'absinthe, une liqueur forte de couleur verte. Celle-ci, *accusée* de provoquer des *intoxications* graves – *voire* la *folie* comme chez Van Gogh ou Toulouse-Lautrec – fut interdite en France en 1915 dans le cadre d'une campagne antialcoolique. Mais on en fabrique à nouveau depuis 1999.

4 Un écrivain anglais, Peter Mayle, a largement *contribué* dans les années 1990 *à* faire connaître et *apprécier* la cuisine provençale hors de *l'Hexagone* grâce à son livre «*Une année en Provence*». *D'ailleurs*, jusqu'à sa mort en janvier 2018, il vivait dans cette région qu'il aimait passionnément, et dont il tirait son inspiration.

| PHOTO: *pixabay*

Jour de marché *à Aix-en-Provence.* | PHOTO: *Getty Images*

Légende **DIGNE-LES-BAINS** (Gemeinde im Departement Alpes-de-Haute-Provence, Region Provence-Alpes-Côte d'Azur) – **champ** (m.) Feld

1–2 **méridional** h.: südfranzösisch – **convivial** gesellig – **en plein air** (m.) im Freien – **le Midi** h.: Südfrankreich – **les fines herbes** (f. pl.) die Küchenkräuter – **évoquer qc** h.: etw. erwähnen – **courgette** (f.) Zucchini – **poivron** (m.) Paprika – **apparaître** auftauchen – **ménagère** (f.) Hausfrau – **notamment** insbesondere – **goulot** (m.) Flaschenhals – **conquérir** erobern

3–4 **provençal** aus der Provence – **être établi** h.: beheimatet sein – **depuis la nuit des temps** (m. pl.) seit Urzeiten – **le bassin méditerranéen** der Mittelmeerraum – **quant à qc** was etw. betrifft – **siroter qc** an etw. nippen – **accuser** beschuldigen – **intoxication** (f.) Vergiftung – **voire** ja sogar – **folie** (f.) Wahn(sinn) – **contribuer à faire qc** dazu beitragen, etw. zu tun – **apprécier** schätzen, mögen – **l'Hexagone** (m.) gem.: Frankreich (das „Sechseck") – **«Une année en Provence»** (dt. Titel: „Mein Jahr in der Provence") – **d'ailleurs** übrigens

| PHOTO: *Fotolia/HLPhoto*

La bouillabaisse du port

1 PENSER à la Provence réveille l'envie de plats ensoleillés, et qui dit soleil, dit bien sûr Méditerranée. Alors *recomposons* le *décor* d'un film de *Pagnol*, asseyons-nous à une terrasse du *Vieux-Port* et *savourons* la spécialité marseillaise par excellence: la bouillabaisse. Principalement constitué de poissons spécifiquement méditerranéens, ce plat légendaire est servi avec des croûtons et une sauce spéciale, la *rouille*. Le choix des poissons utilisés variera selon ce que l'on aura trouvé sur le marché.

2 *Écailler*, *vider* et *étêter* les poissons. Les couper en gros morceaux. *Brosser* les *étrilles*. *Hacher* un oignon, une *gousse d'ail*, les *poireaux* et le céleri. Dans une grande casserole, les *faire dorer* avec 10 cl d'huile. Saler et poivrer. Ajouter les têtes et les *parures* de poissons. Couvrir d'eau, *porter à ébullition* et *laisser mijoter* 20 minutes. *Passer* et *recueillir le jus de cuisson* (le bouillon).

3 *Ébouillanter* et peler les tomates, puis les couper en morceaux. *Éplucher* et hacher le deuxième oignon, les 2 gousses d'ail restantes et *le bulbe de fenouil*. Dans une *marmite*, *faire revenir* les légumes hachés avec l'huile restante. Puis *y verser* le bouillon, les tomates, *le bouquet garni*. Ajouter la *rascasse*, puis le *grondin*, la *lotte*, le *congre*, la *dorade*, les étrilles et le safran. Cuire 8 minutes *sur feu vif*. Mettre alors *le saint-pierre*, *la vive* et le *merlan*. Cuire 5 ou 6 minutes. Arrêter la cuisson et garder la bouillabaisse au chaud.

4 Pour la rouille, *piler* ou hacher l'ail dans un *mortier* ou dans un *bol*. Le mélanger avec le sel, le poivre blanc, le safran, le poivre de Cayenne et les jaunes d'œufs. Verser l'huile peu à peu en *fouettant*, comme pour une mayonnaise.

5 Couper la baguette en *rondelles* fines, les griller. Et les *frotter* avec de l'ail si l'on veut. *Égoutter* les poissons et les étrilles, et les disposer sur un grand *plat*. Verser le bouillon et ses légumes dans une *soupière*. Servir le tout sans attendre, accompagné de la rouille et des croûtons.

Marché aux poissons *dans le Vieux-Port de Marseille.* | PHOTO: *picture alliance/Hervé Champollion/akg-images*

INGRÉDIENTS POUR 4 À 6 PERSONNES

- 2 kg de poissons *(congre, dorade, grondin, lotte, merlan, rascasse, saint-pierre, vive)*
- 10 *étrilles*
- 2 oignons
- 3 *gousses d'ail*
- 2 *blancs de poireau*
- 3 branches de céleri
- 15 cl d'huile d'olive
- 3 tomates
- 1 *bulbe de fenouil*
- 25 cl de *rouille*
- 1 *bouquet garni*
- 2 *mesures* de safran
- 1 baguette de pain
- sel, poivre

Pour la rouille

- 3 gousses d'ail
- 1 *pincée de gros sel*
- 2 pincées de poivre blanc
- 1 pointe de safran
- 2 pointes de poivre de Cayenne
- 2 jaunes d'œufs
- 25 cl d'huile d'olive

CONGRE (m.) Meeraal – **dorade** (f.) Dorade, Goldbrasse – **grondin** (m.) Knurrhahn – **lotte** (f.) Seeteufel – **merlan** (m.) Wittling – **rascasse** (f.) Drachenkopf – **le saint-pierre** der Petersfisch – **la vive** das Petermännchen – **étrille** (f.) Samtkrabbe – **la gousse d'ail** (m.) die Knoblauchzehe – **le blanc de poireau** (m.) gem.: die weiße Partie des Lauchs – **le bulbe de fenouil** (m.) die Fenchelknolle – **rouille** (f.) (scharf zubereitete Mayonnaise) – **le bouquet garni** das Bund Küchenkräuter – **mesure** (f.) h.: Döschen – **une pincée de** e-e Messerspitze – **le gros sel** das grobe Salz

1–2 **RECOMPOSER** rekonstruieren – **décor** (m.) h.: Kulisse – **Marcel Pagnol** (1895 – 1931, frz. Schriftsteller, Dramaturg und Regisseur) – **le Vieux-Port** gem.: das historische Hafenviertel von Marseille (mit seinen Fischlokalen) – **savourer** genießen – **rouille** (f.) (scharf zubereitete Mayonnaise) – **écailler** (Fisch) abschuppen – **vider** h.: ausnehmen – **étêter** (Fisch) den Kopf abschneiden – **brosser** abbürsten – **étrille** (f.) Samtkrabbe – **hacher** klein hacken – **la gousse d'ail** (m.) die Knoblauchzehe – **poireau** (m.) Porree – **faire dorer** goldbraun werden lassen – **parure** (f.) h.: Schwanzflosse – **porter à ébullition** (f.) aufkochen lassen – **laisser mijoter** köcheln lassen – **passer** h.: durch ein Sieb gießen – **recueillir** h.: (in e-m Gefäß) auffangen – **le jus de cuisson** (f.) der Sud

3 **ébouillanter** ab-, überbrühen – **éplucher** schälen – **le bulbe de fenouil** (m.) die Fenchelknolle – **marmite** (f.) Kochtopf – **faire revenir** (Gemüse) andünsten – **y verser** hinzuschütten – **le bouquet garni** das Bund Küchenkräuter (Petersilie, Thymian, Lorbeerblatt) – **rascasse** (f.) Drachenkopf – **grondin** (m.) Knurrhahn – **lotte** (f.) Seeteufel – **congre** (m.) Meeraal – **dorade** (f.) Dorade, Goldbrasse – **sur feu** (m.) **vif** bei starker Hitze – **le saint-pierre** der Petersfisch – **la vive** das Petermännchen – **merlan** (m.) Wittling

4–5 **piler** zerstoßen – **mortier** (m.) Mörser – **bol** (m.) kleine Schüssel – **fouetter** h.: (mit dem Schneebesen) schlagen – **rondelle** (f.) runde Scheibe – **frotter** einreiben – **égoutter** abtropfen lassen – **plat** (m.) h.: (flache) Schüssel – **soupière** (f.) Suppenschüssel

Fenouil grillé au pastis

| Photo: *pixabay*

1 IMAGINEZ-VOUS sur la terrasse d'un *mas* provençal, en fin de journée. L'heure de l'*apéro* a sonné, les amis sont arrivés et le barbecue est prêt. Mais attention, si pour les Français comme les Allemands, *les grillades* en plein air sont synonymes d'été et de *convivialité*, il existe bien des différences de coutumes nationales, jusque devant le gril! En *témoigne* cette petite anecdote.

2 Il y a quelques années j'ai eu l'occasion de servir d'*interprète* entre un fabricant allemand de grils et un client français. À chaque modèle qui lui était présenté, le Français s'étonnait que la *broche* ne fasse pas partie de *l'équipement standard*. Le fabricant *finit par* lui demander pourquoi il *tenait* autant *à* la broche. «Mais comment faites-vous cuire les *poulets* sans broche?» lui demanda alors le Français.

3 *Supposant que* votre appareil n'est pas équipé d'une broche, je ne vous *soumettrai* pas de recette de poulet, mais une version plus verte des plaisirs du barbecue: le fenouil grillé au pastis. Cet alcool à l'anis n'est pas seulement le roi des apéritifs provençaux, il aromatise aussi à merveille le poisson ou les légumes, en particulier le fenouil.

4 **Préparation:** *ébarber* et couper les *bulbes de fenouil* en tranches de 2 à 3 cm. Les *arroser de* jus de citron pour qu'ils ne noircissent pas, les *faire blanchir* environ 5 minutes de préférence à la vapeur (ils garderont mieux leur forme), ou dans de l'eau bouillante salée, puis les *égoutter*. Les *déposer* dans le mélange huile et pastis et les *laisser mariner* 1 heure en les *retournant* de temps à autre.

5 Pour les faire griller: les déposer sur la *grille* du barbecue, les retourner plusieurs fois et les *badigeonner* régulièrement de leur marinade. Une fois cuits, les déposer sur un plat, saler, poivrer et arroser du reste de marinade. À déguster froid ou *tiède* pour accompagner viande ou poisson.

Dans le Midi, *quand sonne l'heure de l'apéritif, on sort le pastis bien sûr! Cet alcool parfumé à l'anis se boit avec de l'eau (la dose standard est de 5 à 7 volumes d'eau pour 1 volume de pastis). Il a été inventé au début du siècle dernier par le Marseillais Paul Ricard.* | Photo: *Getty Images*

Qui dit pastis, *dit aussi pétanque: deux symboles du farniente provençal.* | Photo: *Fotolia/Production Perig*

Ingrédients pour 6 personnes

- 4 *bulbes de fenouil*
- 1 citron
- 12 cl d'huile d'olive
- 1 *c. s.* de *pastis*
- sel, poivre du moulin

Préparation: 15 minutes
Macération: 1 heure
Cuisson: 15 minutes

LE BULBE de fenouil (m.) die Fenchelknolle – **c. s.** (f.) = **cuiller** (f.) **à soupe** (f.) Esslöffel – **pastis** (m.) (südfrz. Anisaperitif) – **la macération** das Einlegen

Légendes **LE MIDI** h.: Südfrankreich – **pétanque** (f.) Boulespiel (aus Südfrankreich)
0–2 **fenouil** (m.) Fenchel – **pastis** (m.) (südfrz. Anisaperitif) – **mas** (m.) Bauern-, Landhaus (in der Provence) – **apéro** (m.) (fam.) = **apéritif** – **les grillades** (f. pl.) h.: das Grillen – **convivialité** (f.) Geselligkeit – **témoigner de qc** etw. zeigen, - bekunden – **interprète** (m./f.) Dolmetscher/in – **broche** (f.) Spieß – **l'équipement** (m.) **standard** die (mitgelieferte) Grundausstattung – **finir par faire qc** schließlich etw. tun – **tenir à qc** auf etw. Wert legen – **poulet** (m.) Hähnchen
3–5 **supposant que** in der Annahme, dass – **soumettre qc à qn** jdm. etw. unterbreiten – **ébarber** gem.: Kraut und Stengel abschneiden – **le bulbe de fenouil** (m.) die Fenchelknolle – **arroser de** begießen mit – **faire blanchir** abbrühen – **égoutter** abtropfen lassen – **déposer** legen – **laisser mariner** gem.: ziehen lassen – **retourner** umdrehen, wenden – **grille** (f.) h.: Rost – **badigeonner** bepinseln – **tiède** lauwarm

1 L'AÏOLI GARNI, ou grand aïoli, ou encore aïoli provençal, se consomme toute l'année dans cette région ensoleillée. D'ailleurs, selon le poète provençal *Frédéric Mistral*, «l'aïoli concentre la force, l'*allégresse* du soleil provençal». Dans nos *latitudes plus nordiques*, je trouve cette spécialité locale, qui *fleure* tellement *bon* le soleil, plus *tentante* en été, *dégustée* entre amis sur la terrasse.

2 L'aïoli, à proprement parler, désigne une mayonnaise à l'huile d'olive fortement *aillée* qui, selon les puristes, ne peut se préparer qu'avec un *mortier*. Des moyens plus pragmatiques comme un *bol* et un *fouet* me donnent toutefois entière satisfaction.

3 L'aïoli garni, lui, est un plat de *morue* et de légumes cuits à l'eau, servi avec cette sauce. La *diversité* des légumes utilisés en fait *forcément* un plat *convivial*. Personnellement, je n'en prépare jamais pour moins de six personnes. Souvent il comprend aussi des *artichauts poivrades* ou du *fenouil*.

4 La seule difficulté consiste à *se procurer* de la morue, et encore plus des *bulots*. Je m'y prends donc plusieurs jours à l'avance pour commander les bulots ou, *à défaut*, des *bigorneaux* et je *saumure* moi-même le poisson, *qui n'en est que meilleur*. Ne vous laissez pas décourager, la recette est moins compliquée qu'elle ne semble. Elle se prépare très bien avant la *cuisson*, se déguste chaude, *tiède* ou froide, et votre succès auprès de vos *convives est assuré*.

5 Dans un grand plat, déposer une épaisse *couche* de *gros sel*, coucher les filets de poisson et les recouvrir avec le reste de sel. *Laisser agir* entre trois à sept jours. 24 heures à l'avance, mettre le *cabillaud* à dessaler dans beaucoup d'eau froide et changer l'eau plusieurs fois.

| PHOTO: *Nicole Seidel-Guinebretière*

Aïoli garni

L'aïoli, *mayonnaise du Sud, accompagne à merveille les légumes et le poisson.* | PHOTO: *Getty Images*

6 Le jour même, commencer par préparer l'aïoli. *Éplucher* l'ail, le presser finement. Ajouter les jaunes d'œufs, saler et poivrer. *Faire monter la sauce* avec l'huile comme une mayonnaise. *Incorporer* le jus de citron et *rectifier l'assaisonnement au besoin*. Placer au réfrigérateur.

7 Préparer *le court-bouillon* en mélangeant les ingrédients dans un grand *faitout* avant de *porter à ébullition*, laisser refroidir. Laver les légumes. *Équeuter les haricots verts*. Éplucher les carottes et les *navets*, couper ces derniers en quartiers. Éplucher les pommes de terre. *Séparer le chou-fleur en bouquets*. Couper les bouts des *courgettes* et les *tailler en quatre dans le sens de la longueur*.

8 Mettre les bulots dans de l'eau froide salée et les faire cuire pendant 20 minutes *sur feu doux*. Faire cuire les légumes dans de l'eau salée pendant 15 minutes, les pommes de terre 25 minutes. Déposer le poisson coupé en gros morceaux dans le court-bouillon froid et le *faire pocher* pendant 10 à 12 minutes. Lorsque poisson, bulots et légumes sont cuits, les *égoutter* et *disposer* le tout joliment sur un grand plat. Servir l'aïoli séparément.

Le bon accord: un vin de Provence bien sûr, blanc ou rosé selon les préférences.

Ingrédients pour 6 personnes

- 1 kg de filets épais de *cabillaud*
- 1 kg de *gros sel marin*
- 12 *bulots*
- 12 *carottes fanes*
- 3 petits *navets nouveaux*
- 12 petites pommes de terre
- 500 g de *haricots verts*
- ½ *chou-fleur*
- 3 petites *courgettes*
- 6 œufs durs coupés en deux *dans le sens de la longueur*

Pour l'aïoli

- 8 *gousses d'ail*
- 4 jaunes d'œufs
- 50 cl d'huile d'olive
- 4 *c. s.* de jus de citron
- sel et poivre

Pour *le court-bouillon*

- 1 carotte
- 1 oignon avec 1 *clou de girofle*
- 1 gousse d'ail, coupée en deux
- 1 *bouquet garni* (thym, *laurier*, romarin)

CABILLAUD (m.) Kabeljau – **le gros sel marin** das grobe Meersalz – **bulot** (m.) Wellhornschnecke – **des carottes** (f. pl.) **fanes** (f. pl.) Möhren mit Grün – **un navet nouveau** e-e Mairübe – **les haricots** (m. pl.) **verts** die grünen Bohnen – **le chou-fleur** der Blumenkohl – **courgette** (f.) Zucchini – **dans le sens de la longueur** der Länge nach – **la gousse d'ail** (m.) die Knoblauchzehe – **c. s.** (f.) = **cuiller** (f.) **à soupe** (f.) Esslöffel – **le court-bouillon** der Sud – **le clou de girofle** (m.) die Gewürznelke – **un bouquet garni** ein Bund Küchenkräuter – **laurier** (m.) Lorbeer

0–2 **AÏOLI** (m.) **garni** etwa: Knoblauchmayonnaise mit Beilagen – **Frédéric Mistral** (1830–1914) – **allégresse** (f.) ausgelassene Freude – **les latitudes** (f. pl.) **plus nordiques** die nördlicheren Breiten – **fleurer bon qc** (fig.) nach etw. duften – **tentant** verlockend **(tenter)** – **déguster** verzehren, genießen – **ailler** mit Knoblauch würzen – **mortier** (m.) Mörser – **bol** (m.) kleine Schüssel – **fouet** (m.) h.: Schneebesen

3–4 **morue** (f.) Kabeljau – **diversité** (f.) Vielfalt – **forcément** zwangsläufig – **convivial** gesellig – **un artichaut poivrade** e-e kleine violette Artischocke – **fenouil** (m.) Fenchel – **se procurer qc** s. etw. beschaffen – **bulot** (m.) Wellhornschnecke – **à défaut** falls nicht erhältlich – **bigorneau** (m.) Strandschnecke – **saumurer** in Salzlake einlegen – **qui n'en est que meilleur** der dadurch nur umso besser ist – **cuisson** (f.) h.: Kochvorgang – **tiède** lauwarm – **convive** (m./f.) Gast – **être assuré** h.: gewährleistet sein

5–6 **couche** (f.) Schicht – **le gros sel** das grobe Salz – **laisser agir** wirken -, einziehen lassen – **cabillaud** (m.) Kabeljau – **éplucher** schälen – **faire monter la sauce** die Soße cremig rühren – **incorporer** h.: beimischen – **rectifier l'assaisonnement** (m.) nachwürzen – **au besoin** (m.) bei Bedarf

7–8 **le court-bouillon** der Sud – **porter à ébullition** (f.) aufkochen – **faitout** (m.) Kochtopf – **équeuter** h.: die Enden abtrennen – **les haricots** (m. pl.) **verts** die grünen Bohnen – **navet** (m.) (Mai-)Rübe – **séparer le chou-fleur en bouquets** (m. pl.) den Blumenkohl in Röschen zerteilen – **courgette** (f.) Zucchini – **tailler en quatre** vierteln – **dans le sens de la longueur** der Länge nach – **sur feu** (m.) **doux** bei schwacher Hitze – **faire pocher** in heißem Wasser gar ziehen lassen, pochieren – **égoutter** abtropfen lassen – **disposer** h.: anordnen – **le bon accord** h. gem.: das passende Getränk dazu

Sardines en escabèche

Ingrédients pour 4 personnes

- 8 à 12 sardines selon la grosseur
- 50 g de farine
- 4 *c. s.* de *vinaigre*
- 20 cl d'huile d'olive
- 4 *gousses d'ail*
- 1 oignon *coupé menu*
- 1 carotte *râpée grossièrement*
- 1 *c. c.* de *paprika*
- 1 c. c. de *cumin* en poudre
- 1 prise de *piment de Cayenne* en poudre
- ½ citron coupé en *rondelles* fines
- *persil*
- sel

C. S. (f.) = **cuiller** (f.) **à soupe** (f.) Esslöffel – **vinaigre** (m.) Essig – **la gousse d'ail** (m.) die Knoblauchzehe – **coupé menu** fein gehackt – **râpé grossièrement** grob gerieben – **c. c.** (f.) = **cuiller** (f.) **à café** (m.) Teelöffel – **paprika** (m.) h.: Paprikapulver – **cumin** (m.) Kreuzkümmel – **le piment de Cayenne** der Cayennepfeffer – **rondelle** (f.) Scheibchen – **persil** (m.) Petersilie

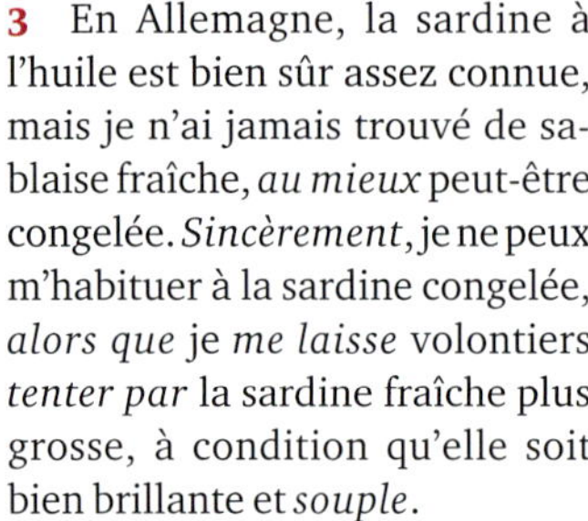

| Photo: *Getty Images*

Un peu de tapenade, *spécialité provençale faite d'olives broyées, de câpres et d'anchois, pourra enrichir ce plat.* | Photo: *Fotolia/M.studio*

1 LA SARDINE *se pêche* en Méditerranée et sur toute la côte atlantique. C'est un poisson peu cher, mais *fragile* qui doit être consommé très rapidement. Quant au terme escabèche, il désigne une marinade à base d'huile et de vinaigre répandue sur les côtes méditerranéennes, mais aussi au Portugal, en Amérique latine et aux Philippines. Son nom viendrait d'un mot arabe, lui-même *dérivé* d'un terme persan désignant une «nourriture acide».

2 N'ayant pas grandi au bord de la Méditerranée, mais non loin des côtes *vendéennes*, je ne connais pratiquement qu'un type de sardine, la petite «*sablaise*», vendue au retour des bateaux dans le port des Sables-d'Olonne. Ma mère n'aurait jamais acheté autre chose que de la sablaise, si *tendre* et si *goûteuse* qu'on ne la déguste dans la région que *poêlée* ou grillée, accompagnée d'une bonne salade verte.

3 En Allemagne, la sardine à l'huile est bien sûr assez connue, mais je n'ai jamais trouvé de sablaise fraîche, *au mieux* peut-être congelée. *Sincèrement*, je ne peux m'habituer à la sardine congelée, *alors que* je *me laisse* volontiers *tenter par* la sardine fraîche plus grosse, à condition qu'elle soit bien brillante et *souple*.

4 Je vous présente ici une recette *méridionale* presque aussi *omniprésente* que la bouillabaisse du côté du *Vieux-Port*. À préparer *la veille*, ce plat se déguste froid en *entrée*.

5 Préparer les sardines avec précaution, la chair étant très fragile. Commencer par les *écailler*, puis les *vider*. Pour cela, les habitués *enlèvent* la tête entre le pouce et l'index et *vident l'intérieur d'un geste*. Pour ceux qui ont moins l'habitude: couper la tête, ouvrir le ventre de bas en haut sans déchirer la chair, puis enlever *les entrailles*. *Essuyer* les sardines à l'extérieur et à l'intérieur avec du *papier absorbant* et les *rouler* individuellement *dans la farine*.

6 Faire chauffer la moitié de l'huile dans une poêle et *faire frire* les sardines 2 à 3 minutes de chaque côté, *déglacer* avec la moitié du *vinaigre*. Saler et déposer les sardines dans un plat sans les *entasser*.

7 Pour la marinade, faire chauffer le reste de l'huile d'olive, y jeter l'oignon, la carotte et l'ail pressé, *brasser* rapidement, ajouter les épices, saler. Laisser *mijoter à feu doux* 6 à 8 minutes. Ajouter le reste de vinaigre, mélanger et verser la marinade bouillante sur les sardines. Laisser refroidir, répartir les tranches de citron, *filmer*, puis mettre au réfrigérateur. Au moment de servir décorer de *persil*.

N.B.: Souvent j'y ajoute une petite cuillerée de *tapenade*.

Légende BROYER zerkleinern
0–2 **escabèche** (f.) Escabèche (Art Essig-Öl-Marinade) – **se pêcher** (Fisch) gefangen werden – **fragile** h.: zart, empfindlich, auch: leicht verderblich – **dérivé** abgeleitet – **vendéen, -enne** aus der Vendée stammend (Département de la Région Pays de la Loire) – **la sablaise** h.: Sardinenart, die aus dem Fischereihafen Sables-d'Olonne angeliefert wird – **tendre** zart – **goûteux, -euse** schmackhaft – **poêlé** in der Pfanne gebraten
3–4 **au mieux** bestenfalls – **sincèrement** ehrlich gesagt – **alors que** während, wohingegen – **se laisser tenter par qc** s. von e-r S. verlocken lassen – **souple** geschmeidig – **méridional** südlich, h.: südfranzösisch – **omniprésent** allgegenwärtig – **le Vieux-Port** gem.: das historische Hafenviertel von Marseille (mit seinen Fischlokalen) – **la veille** am Vortag – **entrée** (f.) h.: Vorspeise
5 **écailler** (Fisch) abschuppen – **vider** h.: ausnehmen – **enlever** entfernen – **vider l'intérieur** h.: die Innereien ausnehmen, - entfernen – **d'un geste** gem.: mit e-r einzigen Bewegung – **les entrailles** (f. pl.) die Innereien – **essuyer** abwischen – **le papier absorbant** das Küchenpapier – **rouler dans la farine** im Mehl wenden
6–7 **faire frire** braten – **déglacer** ablöschen – **vinaigre** (m.) Essig – **entasser** h.: übereinanderlegen – **brasser** umrühren – **mijoter** köcheln – **à feu** (m.) **doux** bei schwacher Hitze – **filmer** h.: mit Frischhaltefolie abdecken – **persil** (m.) Petersilie – **N. B.** (lat.) = **nota bene** Anmerkung – **tapenade** (f.) (Paste aus Oliven, Anchovis und Kapern)

Tarte tropézienne

Ingrédients pour un moule de 27 cm

Pour *la brioche*

- 15 g de *levure de boulanger*
- 10 cl de lait
- 300 g de farine
- 30 g de sucre
- 5 g de sel
- 2 *cuillers à soupe* d'eau *de fleur d'oranger*
- 3 gros œufs
- 125 g de beurre *ramolli*
- 50 g de *sucre grains*

Pour *la crème pâtissière*

- ¼ l de *lait entier*
- 1 *gousse* de vanille
- 2 jaunes d'œufs
- 50 g de sucre
- 35 g de farine

Pour la crème au beurre

- 25 g de sucre
- 1 jaune d'œuf
- 2 cuillers à soupe d'eau de fleur d'oranger
- 125 g de beurre ramolli

Préparation: 45 minutes *la veille*, 25 minutes le jour même

Cuisson: 35 minutes

Repos: 1 ou 2 heures

MOULE (m.) h.: Kuchenform – **la brioche** die Brioche (Art Hefegebäck) – **la levure de boulanger** (m.) die Backhefe – **la cuiller à soupe** (f.) der Esslöffel – **l'eau** (f.) **de fleur** (f.) **d'oranger** (m.) das Orangenblütenwasser – **ramolli** (Butter) weich – **le sucre grains** (m. pl.) der Hagelzucker – **la crème pâtissière** die dicke Vanillecreme – **le lait entier** die Vollmilch – **gousse** (f.) Schote – **la veille** am Vortag

Saint-Tropez, *port préféré des célébrités et d'une légende vivante, Brigitte Bardot.* | PHOTO: *Fotolia/photosainttropez*

| PHOTO: *Nicole Seidel-Guinebretière*

1 SAINT-TROPEZ. Un nom qui fait rêver, qui *évoque* l'été, le soleil, la mer, la belle vie, mais aussi une célébrité mythique: Brigitte Bardot. La Tarte tropézienne a fêté en 2015 ses 60 ans. En 1955 Roger Vadim tournait le film qui fit scandale à l'époque, «Et Dieu… créa la femme», avec, dans le rôle principal, sa femme: la starlette Brigitte Bardot. L'équipe cinématographique *déguste* chez Alexandre Micka, pâtissier d'*origine* polonaise venu s'installer au début des années 1950 à Saint-Tropez, un délicieux gâteau dont la recette lui venait de sa grand-mère. *Séduite*, Brigitte Bardot lui *suggéra* de l'appeler «la tarte de Saint-Tropez», il préféra «Tarte tropézienne».

2 Alors, *à défaut de vous prendre pour* Brigitte Bardot dans le port de Saint-Trop', *tentez* l'aventure tropézienne et préparez la crème de préférence *la veille*.

Pour la crème pâtissière

3 *Porter* le lait *à ébullition* avec la *gousse* de vanille *fendue dans le sens de la longueur*, *retirer du feu* et *laisser infuser* 30 minutes.

4 Pendant ce temps, battre les jaunes d'œufs avec le sucre jusqu'à ce que le mélange *blanchisse*. *Incorporer* la farine sans arrêter de *fouetter*. Retirer la vanille du lait, porter à nouveau à ébullition, *verser* le mélange d'œufs et de sucre et laisser *épaissir* en tournant avec *le fouet électrique* pendant 2 à 3 minutes. Laisser refroidir.

Pour la crème au beurre

5 Fouetter le sucre et le jaune d'œuf. Incorporer le beurre et *l'eau de fleur d'oranger* sans arrêter de *brasser*. Mélanger avec la crème pâtissière, couvrir et mettre au réfrigérateur jusqu'au *lendemain*.

Pour la brioche

6 Avec une fourchette *écraser* dans un bol la levure et 1 *cuiller à soupe* de farine et *délayer* le tout dans le lait *tiède*. Laisser reposer environ 15 minutes. Dans une *jatte* verser le reste de farine, le sel, le sucre, l'eau de fleur d'oranger, ajouter les œufs *battus en omelette* et mélanger au fouet électrique. Verser la levure, mélanger, puis ajouter le beurre et mélanger. *Pétrir* jusqu'à ce que la pâte soit *lisse*. Couvrir et *laisser gonfler* pendant 2 heures.

7 Pétrir à nouveau la pâte, la verser dans un *moule* rond *préalablement* beurré et fariné. Couvrir et laisser monter pendant 1 heure.

8 Préchauffer le *four* à 180°C. *Saupoudrer* le gâteau de *sucre grains*, puis l'*enfourner* pour 35 minutes. Laisser refroidir 1 ou 2 heures.

9 Couper la brioche horizontalement en deux. *Étaler* une *couche* épaisse de crème, recouvrir avec le dessus de la brioche et *mettre au frais* jusqu'au moment de servir.

«BB» *à Saint-Tropez en 1968.* | PHOTO: *Getty Images*

1 **ÉVOQUER** h.: wachrufen, erinnern an – **déguster** kosten, genießen – **origine** (f.) Herkunft – **être séduit** h.: angetan sein, **séduire** verlocken, verführen – **suggérer** h.: vorschlagen, anregen

2 **à défaut** (m.) **de vous prendre pour…** gem.: auch wenn Sie s. nicht für … halten – **tenter** versuchen, wagen – **la veille** am Vortag – **la crème pâtissière** die Vanillecreme

3–5 **porter à ébullition** (f.) aufkochen – **gousse** (f.) Schote – **fendre** spalten, h.: halbieren – **dans le sens de la longueur** der Länge nach – **retirer du feu** (m.) gem.: von der Herdplatte nehmen – **laisser infuser** ziehen lassen – **blanchir** h.: weiß werden – **incorporer** h.: beimengen – **fouetter** h.: (mit dem Schneebesen) schlagen – **verser** schütten; hineingeben – **épaissir** h.: dickflüssig werden – **le fouet électrique** das Handrührgerät – **l'eau** (f.) **de fleur** (f.) **d'oranger** (m.) das Orangenblütenwasser – **brasser** mischen, umrühren – **le lendemain** der Tag danach

6–9 **écraser** zerdrücken – **la cuiller à soupe** (f.) der Esslöffel – **délayer** h.: auflösen – **tiède** lauwarm – **jatte** (f.) Schüssel – **battre en omelette** (f.) (Eier) verquirlen – **pétrir** kneten – **lisse** glatt, h.: geschmeidig – **laisser gonfler** (Teig) gehen lassen – **moule** (m.) h.: Kuchenform – **préalablement** zuvor – **four** (m.) Backofen – **saupoudrer** bestreuen – **le sucre grains** (m. pl.) der Hagelzucker – **enfourner** in den Backofen schieben – **étaler** verteilen – **couche** (f.) Schicht – **mettre qc au frais** etw. kühl stellen

Corse

- ***Sardines farcies au brocciu***
- ***Sciaccia di patati, ou tarte aux pommes de terre***
- ***Storzapretti à la bastiaise***
- ***Émincé de veau à la châtaigne***
- ***Fiadone***

La Corse, île gourmande

1 ÎLE MONTAGNEUSE et sauvage, couverte de forêts et de *maquis*, la Corse *se devait* d'être autarcique. Et vraiment rien n'y manque. Le poisson *abonde* le long de ses côtes et dans ses *torrents*. Les *moutons* et les *chèvres* y *fournissent* la viande et le lait pour les fromages. Parmi eux, le célèbre *brocciu*, le «fromage national corse», qui peut *s'enorgueillir* d'une AOC et d'une *AOP*. *Quant aux* cochons, élevés en liberté, ils passent l'été en montagne, se nourrissent en automne de *glands* et de *châtaignes*, et donnent des charcuteries qu'on ne connaît nulle part ailleurs: *prisuttu, salamu* et autres *succulents figatelli*…

2 Côté produits locaux, *outre* les traditionnelles charcuteries, citons la fameuse *farine* de châtaigne, ingrédient de base de la cuisine *insulaire*. Et la clémentine corse – la seule cultivée en France – qui compte parmi les rares *denrées* exportées vers *le continent*. *Par ailleurs, l'île de Beauté jouissant de* conditions naturelles *propices à l'apiculture*, l'on peut y *déguster* de beaux *miels*, *estampillés AOC* et AOP.

3 Pour les vins, rouges, blancs ou rosés, la Corse est *gâtée*: son climat a toujours été *bénéfique aux vignes*. Cependant, la plus grande partie de la production *vinicole* est destinée à la consommation locale et le continent ne peut *guère* en profiter. La région produit aussi *quantité d'eaux-de-vie* et de liqueurs, fabriquées à partir des plantes du maquis comme la menthe, le myrte, la châtaigne, la *noix* ou l'orange. Enfin, n'oublions pas cet *incontournable* de la cuisine corse: la pasta, un *héritage* de la colonisation italienne. Sous forme de raviolis, cannellonis, lasagnes, etc., elle *est agrémentée* le plus souvent d'huile d'olive et de tomates.

Vue sur la Méditerranée *depuis le domaine Pieretti, au Cap Corse. On y produit le coteaux-du-cap-corse, un vin protégé par une AOC.* | PHOTO: *Pascal Pochard Casabianca/AFP/Getty Images*

Les charcuteries *sont à l'honneur en Corse, notamment le prisuttu, un jambon cru et sec au léger goût de noisette.* | PHOTO: *Fotolia/Pictures news*

Plusieurs variétés *d'agrumes sont cultivées sur l'île notamment la clémentine, la seule produite en France.* | PHOTO: *pixabay*

Légendes **LE CAP CORSE** (Halbinsel im Norden Korsikas) – **coteau** (m.) Hang, h.: Weinberg – **AOC** (f.) = **appellation** (f.) **d'origine** (f.) **contrôlée** kontrollierte Herkunftsbezeichnung (Qualitätssiegel) – **charcuteries** (f. pl.) h.: Wurstwaren – **cru** roh – **noisette** (f.) Haselnuss – **agrume** (m.) Zitrusfrucht

0–1 **gourmand** Schlemmer- – **maquis** (m.) Macchia (für den Mittelmeerraum typisches immergrünes niedriges Gehölz) – **se devoir de faire qc** es s. schuldig sein, etw. zu tun – **abonder** in großen Mengen vorkommen – **torrent** (m.) Wildbach – **mouton** (m.) Schaf – **chèvre** (f.) Ziege – **fournir** liefern – **brocciu** (korsischer Frischkäse; siehe Rezept S. 36) – **s'enorgueillir de qc** auf etw. stolz sein – **AOP** (f.) = **appellation** (f.) **d'origine** (f.) **protégée** geschützte Herkunftsbezeichnung (Qualitätssiegel) – **quant à qc** was etw. betrifft – **gland** (m.) Eichel – **châtaigne** (f.) Esskastanie – **prisuttu** (m.) (korsischer Rohschinken) – **salamu** (m.) (korsische Räucherwurst) – **succulent** köstlich – **figatellu** (m.) (korsische Wurstspezialität aus Schweineleber)

2–3 **outre** außer – **farine** (f.) Mehl – **insulaire** Insel- – **denrée** (f.) Essware, Lebensmittel – **le continent** h. gem.: das französische Festland – **par ailleurs** außerdem – **l'île** (f.) **de Beauté** (f.) (nom populaire donné à la Corse) – **jouir de qc** sich e-r S. erfreuen – **être propice à qc** für etw. günstig sein – **apiculture** (f.) Bienenzucht – **déguster** probieren; genießen – **miel** (m.) Honig – **estampillé AOC** mit dem Qualitätssiegel AOC versehen – **gâté** h.: verwöhnt, h.: gesegnet – **être bénéfique à qc** s. auf etw. günstig auswirken – **les vignes** (f. pl.) h.: der Weinbau – **vinicole** Wein- – **guère** kaum – **quantité** (f.) **de** e-e Menge – **eau-de-vie** (f.) Schnaps, Obstler – **noix** (f.) Walnuss – **un incontournable** etw., woran kein Weg vorbeiführt, **incontournable** unumgänglich – **héritage** (m.) Erbe – **agrémenter qc de qc** h.: etw. mit etw. garnieren

Sardines farcies au brocciu

Un «pointu» rentre *au port d'Ajaccio. Cette barque traditionnelle à voiles, aujourd'hui motorisée, est typique de la côte méditerranéenne. On la reconnaît à sa poupe pointue et ses couleurs vives.* | PHOTO: *Getty Images*

Ingrédients pour 4 personnes

- 20 grosses sardines
- 300 g de *brocciu*
- 1 œuf
- 1 *gousse d'ail*
- 2 *branches de persil*
- quelques *brins de ciboulette*
- huile d'olive
- sel et poivre
- *cure-dents*

Préparation: 30 minutes

Cuisson: 15 à 20 minutes

BROCCIU (m.) (korsischer Frischkäse; siehe Rezept S. 36) – **la gousse d'ail** (m.) die Knoblauchzehe – **la branche de persil** (m.) der Petersilienzweig – **les brins** (m. pl.) **de ciboulette** (f.) die Schnittlauchhalme – **cure-dent** (m.) Zahnstocher

| PHOTO: *Fotolia/viennetta14*

| PHOTO: *Nicole Seidel-Guinebretière*

1 LA SARDINE et le brocciu (prononcer brôtchiou): voilà deux produits corses, qui donnent ensemble une délicieuse entrée, légère et ensoleillée. La sardine *devrait* son nom *à la Sardaigne*, voisine directe de la Corse, car les Grecs avaient observé qu'elle *abondait* dans cette région. Sur la côte méditerranéenne, elle est le deuxième poisson pêché, même si elle a tendance à devenir de plus en plus petite. Des recherches scientifiques *récentes* affirment que, contrairement à l'avis largement *répandu*, la sardine ne serait pas *en voie de disparition* en Méditerranée, mais que, tout comme ses cousins les *anchois*, elle *diminuerait* seulement *de taille en raison des* changements du *réseau trophique* marin.

2 Les sardines sont des poissons fragiles qu'il s'agit de *manipuler* avec *douceur* pour les préparer. Les *écailler* avec *précaution* à l'aide d'un couteau, les *vider* et couper la tête. Les passer sous l'eau froide et les *déposer* sur du *papier absorbant. Inciser* ensuite le dos sur toute la longueur jusqu'à *l'arête dorsale, retirer* cette dernière. Poser les filets de sardine sur du papier absorbant et les essuyer au besoin.

3 *Préchauffer* le *four* à 220 °C. *Ciseler* le *persil* et la *ciboulette*, *éplucher* et *écraser* l'*ail*. Mettre dans un *saladier* le brocciu et l'œuf avec *les herbes* et l'ail, ajouter du poivre et du sel et bien mélanger avec une fourchette. *Farcir* chaque filet de sardine avec *une noisette* de fromage, puis les rouler et les fixer avec un *cure-dent*. Les disposer dans *un plat allant au four*, les *arroser* d'un *filet* d'huile d'olive et faire cuire le tout au four pendant 15 à 20 minutes. À *savourer* bien chaud. En Corse, ces sardines sont souvent accompagnées d'une sauce *composée de* tomates *pelées*, d'ail, de persil ou de basilic, d'un filet d'huile, de sel et de poivre. Mais on peut aussi les *déguster* seules ou avec une salade verte. *Le bon accord:* un *patrimonio* blanc, ou un vin blanc sec du sud de la France.

Légende LA BARQUE à voiles (f. pl.) das Segelboot – **poupe** (f.) Heck – **pointu** spitz – **vif, vive** h.: leuchtend, kräftig

0–1 **farci** gefüllt – **brocciu** (m.) (korsischer Frischkäse; siehe Rezept S. 36) – **devoir qc à qc** e-r S. etw. verdanken – **la Sardaigne** Sardinien – **abonder** in großen Mengen vorkommen – **récent/e** jüngste(r, s), aktuell – **répandu** verbreitet – **en voie** (f.) **de disparition** (f.) vom Aussterben bedroht – **anchois** (m.) Anchovis, Sardelle – **diminuer de taille** (f.) kleiner werden, **taille** Größe – **en raison** (f.) **de qc** aufgrund e-r S. – **le réseau trophique** d. Nahrungsnetz, -kette

2 **manipuler qc** h.: etw. verarbeiten – **douceur** (f.) Sanftheit, h.: Behutsamkeit – **écailler** schuppen – **précaution** (f.) Vorsicht, h.: Behutsamkeit – **vider** h.: ausnehmen – **déposer** legen – **le papier absorbant** das Küchenpapier – **inciser** einschneiden – **l'arête** (f.) **dorsale** das Rückgrat, **arête** Gräte – **retirer** h.: entfernen

3 **préchauffer** vorheizen – **four** (m.) Backofen – **ciseler** klein hacken – **persil** (m.) Petersilie – **ciboulette** (f.) Schnittlauch – **éplucher** schälen – **écraser** zerdrücken – **ail** (m.) Knoblauch – **saladier** (m.) h.: große Schüssel – **les herbes** (f. pl.) h.: die Kräuter – **farcir** füllen – **une noisette** h.: ein haselnussgroßes Stück – **cure-dent** (m.) Zahnstocher – **un plat allant au four** (m.) e-e feuerfeste Form – **arroser** begießen – **filet** (m.) h.: Schuss – **savourer** genießen, (mit Genuss) verzehren – **être composé de** (bestehen) aus – **peler** schälen, h.: häuten – **déguster** verzehren, genießen – **le bon accord** h. gem.: das passende Getränk dazu – **patrimonio** (m.) (Wein aus der Stadt Patrimonio an der nördlichen Spitze Korsikas)

| Photo: *Nicole Seidel-Guinebretière*

Ingrédients pour 6 personnes

Pour *la pâte brisée*

- 125 g de farine
- 60 g de *beurre en pommade*
- 1 œuf
- 1 prise de sel
- un peu d'eau

Pour la *garniture*

- 800 g de pommes de terre
- 100 g de *tomme de brebis* corse
- 2 *gousses d'ail*
- 4 cl d'huile d'olive
- sel et poivre

Préparation: 30 minutes

Cuisson: 30 minutes

la pâte brisée der Mürbeteig – **du beurre** (m.) **en pommade** (f.) gem.: weiche Butter – **garniture** (f.) h.: Belag – **la tomme de brebis** (f.) (fester Schafskäse) – **la gousse d'ail** (m.) die Knoblauchzehe

Sciaccia di patati, ou tarte aux pommes de terre

1 La sciaccia di patati est une recette typique de l'Alta Rocca, région montagneuse du sud de la Corse dont le *sommet* le plus haut, souvent *enneigé*, le Monte Incudine (en corse l'Alcùdina ou l'*enclume*), monte à plus de 2 000 mètres. Ce territoire est l'un des plus anciennement peuplés de Corse et offre une exceptionnelle richesse de paysages pittoresques. La gastronomie locale utilise des produits de la campagne, traditionnellement cuits et consommés *sur place*. On citera, par exemple, la *truite* sur *galets*, cuite sur des galets chauffés dans le feu, la rivia, brochette d'*abats* de *cabri* ou de *chevreau* cuite sur la *braise*, les *sanguins* et *cèpes* grillés et la sciaccia au *brocciu* cuite sur pierre de granit. La tarte aux pommes de terre (en corse sciaccia di patati) se prépare, elle, avec de *la tomme de brebis* et, *à défaut de* feu de bois et de pierre de granit, nous la cuirons au *four*.

2 Préparer *la pâte brisée* en mélangeant tous les ingrédients et la *laisser reposer au frais*. Faire cuire les pommes de terre dans de l'eau salée, les *éplucher* et les *réduire en purée*. Éplucher et *écraser* l'*ail*. *Râper* le fromage. Ajouter du poivre, l'ail et l'huile à la purée et *mélanger* le tout *intimement*. *Préchauffer* le four à 220 °C. *Étaler* la pâte brisée *au rouleau*, *foncer un moule à tarte* et *verser* ensuite la purée de pommes de terre dedans. *Recouvrir de* fromage râpé et faire cuire 30 minutes. *Le bon accord:* un *sartène* rouge.

Les aiguilles de Bavella, *qui culminent à plus de 1800 m, forment l'un des sites les plus majestueux de l'Alta Rocca, région montagneuse du sud de la Corse.* | Photo: *Getty Images*

Légende **aiguille** (f.) h.: spitzer Berggipfel – **culminer à 1800 m** 1800 m hoch sein

1 **sommet** (m.) Gipfel – **enneigé** mit Schnee bedeckt – **enclume** (f.) Amboss – **sur place** (f.) an Ort und Stelle – **truite** (f.) Forelle – **galet** (m.) großer Kieselstein – **abats** (m. pl.) Innereien – **cabri** (m.) Zicklein – **chevreau** (m.) Kitz – **braise** (f.) Glut – **le (lactaire) sanguin** der Weinrote Kiefern-Reizker (Pilzart, Gattung der Milchlinge) – **cèpe** (m.) Steinpilz – **brocciu** (m.) (korsischer Frischkäse; siehe Rezept S. 36) – **la tomme de brebis** (f.) (fester Schafskäse) – **à défaut** (m.) **de** mangels, anstatt – **four** (m.) Backofen

2 **la pâte brisée** der Mürbeteig – **laisser reposer au frais** (m.) gem.: kühl stellen, **laisser reposer** ruhen lassen – **éplucher** schälen – **réduire en purée** (f.) pürieren – **écraser** zerdrücken – **ail** (m.) Knoblauch – **râper** reiben – **mélanger intimement** gründlich mischen – **préchauffer** vorheizen – **étaler au rouleau** ausrollen, **rouleau** (m.) h.: Nudelholz – **foncer un moule à tarte** (f.) e-e runde Kuchenform mit Teig auslegen – **verser** gießen, h.: hineingeben – **recouvrir de qc** mit etw. bedecken – **le bon accord** h. gem.: das passende Getränk dazu – **sartène** (m.) (Wein aus der Gegend der Stadt Sartène im Süden Korsikas)

| PHOTO: *Nicole Seidel-Guinebretière*

INGRÉDIENTS POUR 4 PERSONNES

- 2 *bottes* de *blettes* (env. 1,5 kg)
- 2 *c. s.* de *menthe* et de *marjolaine*
- 3 œufs
- 400 g de *brocciu*
- 100 g de *fromage râpé*
- *farine*
- 20 g de beurre
- 150 ml de *fond de veau*
- sel et poivre

Préparation: 30 minutes
Cuisson: 20 minutes

BOTTE (f.) h.: Bund – **blette** (auch: **bette**) (f.) Mangold – **c. s.** (f.) = **cuiller** (f.) **à soupe** (f.) Esslöffel – **menthe** (f.) Minze – **marjolaine** (f.) Majoran – **brocciu** (m.) (korsischer Frischkäse; siehe Rezept S. 36) – **le fromage râpé** gem.: der geriebene Emmentaler – **farine** (f.) Mehl – **le fond de veau** (m.) der Kalbsfond

Storzapretti à la bastiaise

1 STORZAPRETTI signifie en corse *«étouffe-prêtre»*, mais l'on *jure* sur *l'île de Beauté* qu'aucun *curé* n'en est mort! Il s'agit de petites *boules* de blettes et de *brocciu,* ce fromage véritablement *mis à toutes les sauces* en Corse. *Parsemées de fromage râpé* et passées sous le gril du *four*, elles accompagnent traditionnellement une viande. Mais elles sont également parfaites en entrée ou comme *plat* végétarien. *Le fond de veau* peut aussi être remplacé par un *coulis de tomates* et l'on peut, *à la rigueur*, prendre des épinards à la place des blettes, légumes très populaires sur l'île et dont on n'utilise ici que les feuilles.

2 *Retirer* les côtes des blettes (elles seront aussi délicieuses en légume à la crème ou en gratin avec une béchamel pour un autre repas), laver les feuilles et les blanchir 2 ou 3 minutes dans de l'eau salée. Bien les *égoutter* et les *hacher* avec la *menthe* et la *marjolaine*, ou d'autres herbes. *Battre* les œufs *en omelette* dans un *bol*. *Écraser* le brocciu dans un *saladier*, ajouter œufs, sel et poivre et mélanger. Ajouter alors les blettes et bien *brasser* pour obtenir une *pâte régulière*. Former des petites boulettes de la *grosseur* d'une clémentine et les rouler dans de la farine.

3 *Faire bouillir* de l'eau salée dans une grande casserole et y *jeter* les boulettes qui seront cuites lorsqu'elles remonteront à la *surface*. *Procéder au besoin* par petites quantités, elles ne doivent pas *se toucher*. Les sortir avec une *écumoire* et les *déposer* dans *un plat à gratin*. *Verser* le fond de veau jusqu'à mi-hauteur dans le plat. Parsemer le fromage râpé, *répartir* des petites *noisettes de beurre* par-dessus et faire gratiner au four pendant 5 à 10 minutes. *Le bon accord:* un *patrimonio* rouge ou un rouge du *bassin méditerranéen*.

La blette, cousine *de la betterave et de l'épinard, se consomme en entier. Ses côtes, aussi nommées «cardes», peuvent être blanches ou colorées. On les cuisine volontiers en gratin.*
| PHOTO: *Getty Images*

Légende **BLETTE** (auch: **bette**) (f.) Mangold – **épinard** (m.) Spinat – **côte** (f.) h.: (Blatt-)Rippe
0–1 **bastiais** aus der Stadt Bastia (Hauptstadt des Departements Haute-Corse) – **étouffe-prêtre** (m.) (fam.) (wörtlich: Priester-Ersticker; in Anlehnung an: **étouffe-chrétien** (m.) (fam.) sättigende, schwer zu schluckende Speise) – **jurer** schwören – **l'île** (f.) **de Beauté** (f.) (nom populaire donné à la Corse) – **curé** (m.) Pfarrer – **boule** (f.) Kugel, Klößchen – **brocciu** (m.) (korsischer Frischkäse; siehe Rezept S. 36) – **être mis à toutes les sauces** (f. pl.) h. gem.: in allen erdenklichen Varianten serviert werden – **parsemer de qc** mit etw. bestreuen – **le fromage râpé** gem.: der geriebene Emmentaler – **four** (m.) Backofen – **plat** (m.) h.: Gericht – **le fond de veau** (m.) der Kalbsfond – **le coulis de tomates** (f. pl.) die Tomatensoße – **à la rigueur** notfalls
2 **retirer** h.: entfernen, herausschneiden – **égoutter** abtropfen lassen – **hacher** hacken – **menthe** (f.) Minze – **marjolaine** (f.) Majoran – **battre en omelette** (f.) verquirlen – **bol** (m.) kleine Schüssel – **écraser** zerdrücken – **saladier** (m.) h.: große Schüssel – **brasser** mischen – **pâte** (f.) Teig – **régulier, -ière** regelmäßig, h.: homogen, glatt – **grosseur** (f.) Dicke, h.: Größe
3 **faire bouillir** zum Kochen bringen – **jeter** h.: hineingeben – **surface** (f.) Oberfläche – **procéder** verfahren, vorgehen – **au besoin** (m.) wenn nötig – **se toucher** s. berühren – **écumoire** (f.) Schaumlöffel, -kelle – **déposer** legen, (hinein)geben – **un plat à gratin** (m.) e-e Auflaufform – **verser** gießen – **répartir** verteilen – **une noisette de beurre** (m.) ein haselnussgroßes Stück Butter – **le bon accord** h. gem.: das passende Getränk dazu – **patrimonio** (m.) (Wein aus der Stadt Patrimonio an der nördlichen Spitze Korsikas) – **le bassin méditerranéen** der Mittelmeerraum

Éminté de veau à la châtaigne

| PHOTO: *Nicole Seidel-Guinebretière*

| PHOTO: *Getty Images*

INGRÉDIENTS POUR 4 PERSONNES

- 600 g de *filet de veau*
- 500 g de *châtaignes épluchées* et cuites
- 500 g d'*échalotes*
- 200 g de *poitrine fumée*
- 200 g de champignons
- 1 *branche* de romarin
- 1 branche de thym
- 30 cl de vin blanc
- 20 cl de *bouillon de volaille*
- huile
- sel et poivre

Préparation: 15 minutes
Cuisson: 50 minutes

LE FILET de veau (m.) das Kalbsfilet – **châtaigne** (f.) Esskastanie – **éplucher** schälen – **échalote** (f.) Schalotte – **la poitrine fumée** der geräucherte Bauchspeck – **branche** (f.) h.: Zweig – **le bouillon de volaille** (f.) die Geflügelbrühe

1 PRÉSENTE dès le Moyen Âge en Corse, la *culture* de la châtaigne n'y *a pris son* véritable *essor* qu'à l'époque de la Renaissance, *aux dépens des céréales*. La région de Castagniccia, dans le nord-est de l'île, qui offrait des conditions naturelles idéales pour son *implantation*, *doit* d'ailleurs son nom *au* châtaignier. La châtaigne était consommée quotidiennement, surtout sous forme de *farine*. Base de l'*alimentation insulaire*, cette dernière était utilisée pour les *bouillies*, les crêpes ou le pain. Et permettait de lutter contre la *disette*. Pourtant, au XVIIIe siècle, pour une courte période, un décret royal interdit toute nouvelle plantation de «*l'arbre à pain*», *accusé* d'*encourager* la *paresse* des Corses en leur faisant *négliger de cultiver la terre*…

2 Sans gluten, la farine de châtaigne, *omniprésente* en Corse et si rare ailleurs, est *appréciée* aujourd'hui pour ses *valeurs nutritives*, *puisqu'*elle contient des protéines, des *acides aminés essentiels* et des *fibres* tout en ayant peu de *matière grasse*. La farine de châtaigne corse est protégée depuis plusieurs années par une *AOC* et une *AOP*. Et chaque automne, sur *l'île de Beauté*, la châtaigne est célébrée pendant la Journée du *marron* d'*Évisa* et la Foire de la châtaigne de *Bocognano*.

3 *Blanchir la poitrine fumée* et la couper en *morceaux*. *Éplucher* les échalotes, les hacher finement. *Nettoyer* les champignons et les couper en morceaux. Dans une *poêle*, *faire revenir* dans une *cuiller à soupe* d'huile les échalotes et les champignons, puis ajouter les *lardons*. *Verser le bouillon de volaille*, ajouter le thym, le romarin et 20 cl de vin blanc. Laisser *réduire* presque entièrement. Verser 25 cl d'eau chaude et mettre les châtaignes. Laisser *mijoter* 30 minutes. Dans une *cocotte*, *saisir le filet de veau* de tous les côtés dans de l'huile chaude, *poursuivre la cuisson* pendant environ 15 à 20 minutes en le tournant plusieurs fois. *Déglacer* avec le reste de vin blanc. *Émincer* la viande, la *napper de jus* et la servir avec les châtaignes. *Le bon accord:* un *ajaccio* rosé.

Un village sur les hauteurs *de Castagniccia, région très boisée dont le nom vient de «castagnu», «châtaignier» en corse.* | PHOTO: *Getty Images*

Légende **TRÈS BOISÉ** waldreich – **châtaignier** (m.) Kastanie(nbaum)

0–1 **émincé** (m.) **de veau** (m.) Kalbsgeschnetzeltes – **châtaigne** (f.) Esskastanie – **culture** (f.) h.: Anbau – **prendre son essor** (m.) e-n Aufschwung erleben – **aux dépens** (m. pl.) **de** auf Kosten von – **céréale** (f.) Getreide – **implantation** (f.) Ansiedlung – **devoir qc à qc** e-r S. etw. verdanken – **farine** (f.) Mehl – **alimentation** (f.) Ernährung – **insulaire** Insel- – **bouillie** (f.) Brei – **disette** (f.) Hungersnot – **l'arbre** (m.) **à pain** (m.) gem.: die Esskastanie – **accuser** beschuldigen – **encourager** h.: begünstigen – **paresse** (f.) Faulheit – **négliger de faire qc** es versäumen, etw. zu tun – **cultiver la terre** das Land bestellen

2 **omniprésent** allgegenwärtig – **apprécié** geschätzt, beliebt – **la valeur nutritive** der Nährwert – **puisque** da, weil – **les acides** (m. pl.) **aminés essentiels** die essentiellen Aminosäuren – **les fibres** (f. pl.) **(alimentaires)** die Ballaststoffe – **la matière grasse** das Fett – **AOC** (f.) = **appellation** (f.) **d'origine** (f.) **contrôlée** kontrollierte Herkunftsbezeichnung – **AOP** (f.) = **appellation** (f.) **d'origine** (f.) **protégée** geschützte Herkunftsbezeichnung – **l'île** (f.) **de Beauté** (f.) (nom populaire donné à la Corse) – **marron** (m.) Marone, Esskastanie – **Évisa**, **Bocognano** (Städte im Departement Corse-du-Sud, Region Corse)

3 **blanchir** kurz mit heißem Wasser abbrühen – **la poitrine fumée** der geräucherte Bauchspeck – **morceau** (m.) Stück – **éplucher** schälen – **nettoyer** säubern, putzen – **poêle** (f.) Pfanne – **faire revenir** anbraten – **la cuiller à soupe** (f.) der Esslöffel – **lardon** (m.) Speckwürfel – **verser** hinzugießen – **le bouillon de volaille** (f.) die Geflügelbrühe – **réduire** einkochen – **mijoter** köcheln – **cocotte** (f.) (großer) Kochtopf – **saisir** h.: scharf anbraten – **le filet de veau** (m.) das Kalbsfilet – **poursuivre la cuisson** den Kochvorgang fortsetzen – **déglacer** ablöschen – **émincer** in dünne Scheiben schneiden – **napper de jus** (m.) mit Bratensaft übergießen – **le bon accord** h. gem.: das passende Getränk dazu – **ajaccio** (m.) (Wein aus der Umgebung von Ajaccio, der Hauptstadt Korsikas)

Fiadone

1 LE FIADONE, est un gâteau corse au brocciu, un fromage de brebis et/ou de chèvre, difficile à trouver sur *le continent*. Sans vouloir *vexer* les Corses, on peut dire que le brocciu ressemble à la ricotta. *Élaboré* d'octobre à juin pendant la période de production du lait, il *entre dans la composition de* presque tous les plats traditionnels corses. Il est aussi à la base de nombreuses *pâtisseries*, comme ici le fiadone. Le brocciu peut être consommé frais en fin de repas (sucré avec *une goutte* d'*eau-de-vie* par exemple), ou avec de la confiture de *figue*, du café, de la *bouillie* de *farine de châtaigne*... Mais on peut aussi le *déguster* nature. Pour parfumer le fiadone, les Corses utilisent autant la liqueur de myrte que d'autres variétés locales d'eaux-de-vie. Enfin, certaines recettes *préconisent* de préparer une *pâte sablée* dans laquelle on *verse* la préparation de fiadone, comme pour une tarte.

2 *Préchauffer* le *four* à 180 °C et *beurrer* un *moule*. Mettre le brocciu dans un *saladier* et l'*écraser* finement à la fourchette. *Prélever* le *zeste* du citron avec un *zesteur* ou *un éplucheur à julienne*. Dans un autre saladier *battre* les œufs, ajouter le sucre, 2 *cuillers à soupe* de jus de citron et l'eau-de-vie, bien mélanger et *incorporer* au brocciu. Bien *brasser* pour obtenir un mélange homogène. Verser dans le moule *préalablement* beurré et *enfourner* pour environ une demi-heure, le fiadone doit être bien *doré*. *Laisser refroidir* avant de consommer. *Le bon accord:* un *sartène* rouge, ou *un vin de soif* rouge.

| PHOTOS: *Getty Images*

Pour produire *son brocciu, le berger corse chauffe du petit-lait de brebis et/ou de chèvre avec du lait entier. Il recueille ensuite la mousse crémeuse du mélange et la répartit dans des moules à fromage.*

INGRÉDIENTS POUR 4 PERSONNES

- 500 g de *brocciu*
- 100 g de sucre
- 5 œufs
- ½ citron
- 2 *c. s.* d'*eau de vie*
- beurre

Préparation: 20 minutes

Cuisson: 30 minutes

BROCCIU (m.) (korsischer Frischkäse) – **c. s.** (f.) = **cuiller** (f.) **à soupe** (f.) Esslöffel – **eau-de-vie** (f.) Schnaps, Obstler

Le brocciu, *fromage corse par excellence, ressemble beaucoup à la ricotta.*

Légende **BROCCIU** (m.) (korsischer Frischkäse) – **berger/-ère** (m./f.) Hirte/Hirtin – **petit-lait** (m.) Molke – **brebis** (f.) (Mutter-)Schaf – **chèvre** (f.) Ziege – **mousse** (f.) h.: Schaum – **moule** (m.) Form
1 **le continent** h. gem.: das französische Festland – **vexer qn** jdn. kränken, jdm. zu nahe treten – **élaborer** h.: herstellen – **entrer dans la composition de qc** Bestandteil e-r S. sein – **pâtisseries** (f. pl.) (feine) Backwaren – **une goutte** ein Tropfen, h.: ein Schuss – **eau-de-vie** (f.) Schnaps, Obstler – **figue** (f.) Feige – **bouillie** (f.) Brei – **la farine de châtaigne** (f.) das Kastanienmehl – **déguster** verzehren, genießen – **préconiser** empfehlen – **la pâte sablée** der süße Mürbeteig – **verser** h.: hineingeben
2 **préchauffer** vorheizen – **four** (m.) Backofen – **beurrer** mit Butter einfetten – **moule** (m.) h.: Kuchen-, Backform – **saladier** (m.) Rührschüssel – **écraser** zerdrücken – **prélever** h. gem.: abreiben – **zeste** (m.) Schale, Zeste – **zesteur** (m.) Zestenreißer – **un éplucheur à julienne** (f.) ein Julienne-Schäler – **battre** schlagen – **la cuiller à soupe** (f.) der Esslöffel – **incorporer** h.: beimischen, beimengen – **brasser** mischen – **préalablement** vorher – **enfourner** in den Backofen schieben – **doré** h.: goldbraun – **laisser refroidir** abkühlen lassen – **le bon accord** h. gem.: das passende Getränk dazu – **sartène** (m.) (Wein aus der Stadt Sartène im Süden Korsikas) – **un vin de soif** (f.) ein süffiger Wein

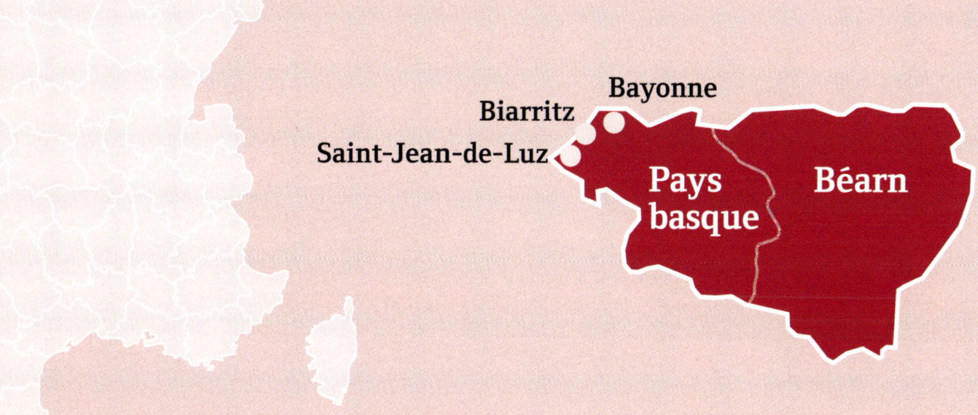

Pays basque

- *La piperade*
- *Poulet basquaise*
- *Txilindron*
- *Morue à la biscayenne*
- *Gâteau basque*

Un berger et son troupeau *à Aussurucq, dans le massif pyrénéen des Arbailles. Le Pays basque, région de moyenne montagne, est une terre d'élevage.* | PHOTO: *Getty Images*

Du piment d'Espelette *sèche sur la façade d'une maison basque.* | PHOTO: *Gaizka Iroz/ AFP/Getty Images*

Saveurs pimentées du Pays basque

1 CONSTITUÉ de sept provinces historiques, l'Euskal Herria ou Pays basque est *un monde à part, à cheval sur* la France *et* l'Espagne. Son histoire *remonte à la nuit des temps*. Son peuple aurait été le premier occupant de l'Europe occidentale. Et le basque ou euskara, qui est une langue non indo-européenne et la plus ancienne sur notre continent, *ne cesse d'intriguer* les *chercheurs*.

2 *Fiers* de leur particularité ethnique et linguistique, les Basques luttent depuis toujours pour leur autonomie, défendent leur langue, leurs coutumes, leur culture: du *jeu de pelote* aux courses et *lâchers de vaches* en passant par les danses, les chants ou la tradition orale du conte... L'identité basque s'affirme avec force *de part et d'autre* de la frontière franco-espagnole, jusque dans la gastronomie qui conserve un certain nombre de *traits* communs aux deux parties du territoire.

3 Côté *élevage*, il existe au Pays basque une race *«autochtone»* et très ancienne de vaches, les betizuak, qu'on ne rencontre que dans les Pyrénées, et *une race porcine baptisée* pie noir, dont les individus aiment la vie *au grand air* et se distinguent par une tête et un *arrière-train* noirs, et des oreilles leur tombant sur les yeux. Le porc pie noir qui était *en voie d'extinction* il y a une quarantaine d'années, a été sauvé grâce à l'engagement de quelques *éleveurs*. *Quant aux brebis*, elles donnent le lait pour de *savoureux* fromages, et les porcs fournissent le célèbre *jambon de Bayonne*.

4 Il y a deux cuisines basques: celle de la montagne, où prédominent l'*agneau* et le porc, et celle de la côte, avec ses poissons et fruits de mer. Si les *poivrons* et toutes sortes de *piments* sont utilisés dans l'une et l'autre, le piment d'Espelette ou Ezpeletako biperra – plus parfumé que le poivre et *récolté* d'août à début décembre – est le plus connu. C'est aussi la seule épice française protégée par une *AOC*. Nombreux sont les Basques qui le font *sécher* de façon traditionnelle sur les façades de leurs maisons. Enfin, la *viticulture* locale, d'un grand dynamisme, produit des vins de qualité, à l'ombre toutefois de leurs voisins *bordelais* et consommés surtout *sur place*. On citera malgré tout le madiran, probablement le plus connu d'entre eux, et l'irouléguy. Par contre, le cidre basque, le «sagarno», très peu *effervescent* et très sec, reste *confidentiel*.

Le porc pie noir, *ou «Kintoa», est une espèce rare, élevée en liberté dans les montagnes du Pays basque.* | PHOTO: *Gaizka Iroz/AFP/Getty Images*

Légendes **BERGER/-ÈRE** (m./f.) Schäfer/in – **troupeau** (m.) Herde – **une terre d'élevage** (m.) gem.: e-e Viehzuchtregion – **le piment d'Espelette** die Espelette-Peperoni, **Espelette** (baskische Stadt im Departement Pyrénées-Atlantiques, Region Nouvelle-Aquitaine) – **pie noir** schwarz-weiß gefleckt, **pie** (Tierfell) (inv.) gescheckt, scheckig – **élever** h.: heranziehen

0–2 **saveur** (f.) (guter) Geschmack – **pimenté** scharf, würzig – **le Pays basque** das Baskenland – **un monde à part** e-e Welt für sich, - ganz eigene Welt – **être à cheval** (m.) **sur qc et qc** (fig.) an der Grenze zwischen etw. und etw. liegen – **remonter à la nuit des temps** (m. pl.) (fig.) in die graue Vorzeit zurückreichen – **ne cesser de faire qc** nicht aufhören, etw. zu tun – **intriguer** neugierig machen, beschäftigen – **chercheur/-euse** (m./f.) Forscher/in – **être fier, fière de qc** auf etw. stolz sein – **le jeu de pelote** (f.) das (baskische) Pelotaspiel (Ballspiel) – **le lâcher de vaches** (f. pl.) das Kuhrennen, **lâcher** loslassen – **de part et d'autre** auf beiden Seiten – **trait** (m.) Merkmal

3 **élevage** (m.) Viehzucht – **autochtone** einheimisch – **une race porcine** e-e Schweinerasse – **baptiser** h.: nennen – **au grand air** (m.) an der frischen Luft – **arrière-train** (m.) Hinterteil – **en voie** (f.) **d'extinction** (f.) vom Aussterben bedroht – **éleveur/-euse** (m./f.) (Vieh-)Züchter/in – **quant à...** was ... betrifft – **brebis** (f.) (Mutter-)Schaf – **savoureux, -euse** köstlich – **le jambon de Bayonne** (Schinkenspezialität, vergleichbar mit Parmaschinken), **Bayonne** (baskische Stadt im Departement Pyrénées-Atlantiques, Region Nouvelle-Aquitaine)

4 **agneau** (m.) Lamm(fleisch) – **poivron** (m.) Paprika(schote) – **piment** (m.) Peperoni – **récolter** ernten – **AOC** (f.) **= appellation** (f.) **d'origine** (f.) **contrôlée** kontrollierte Herkunftsbezeichnung (Qualitätssiegel) – **sécher** trocknen – **viticulture** (f.) Weinbau – **bordelais** aus (der Gegend von) Bordeaux – **sur place** (f.) vor Ort – **effervescent** sprudelnd – **confidentiel, -ielle** vertraulich; für einen kleinen Kreis bestimmt, h. gem.: wenig bekannt außerhalb des Baskenlandes

La piperade

Ingrédients pour 2 personnes

- 2 grosses tomates bien *mûres*
- 2 gros *oignons*
- 2 *poivrons* verts
- 2 *piments* rouges *doux* et longs (*à défaut* des poivrons rouges)
- 2 *gousses d'ail*
- 1 *cuiller à soupe* de sucre
- 3 cuillers à soupe d'huile
- sel et *piment d'Espelette (en poudre)*

MÛR, mûre reif – **oignon** (m.) Zwiebel – **poivron** (m.) Paprika(schote) – **le piment doux** die milde Peperoni – **à défaut** gem.: ersatzweise – **la gousse d'ail** (m.) die Knoblauchzehe – **la cuiller à soupe** (f.) der Esslöffel – **le piment d'Espelette** die Espelette-Peperoni, **Espelette** (baskische Stadt im Departement Pyrénées-Atlantiques, Region Nouvelle-Aquitaine) – **en poudre** (f.) gemahlen

Voilà une spécialité *aux couleurs du drapeau du Pays basque.* | PHOTO: *picture alliance/Monkey Business/Shotshop*

Le rouge et le vert *du drapeau basque sont inspirés du blason de la Biscaye, une province du Pays basque espagnol. La croix blanche symbolise le catholicisme.* | PHOTO: *DR*

| PHOTOS: *Nicole Seidel-Guinebretière*

1 LA PIPERADE est une spécialité basque qui *doit* son nom *au* terme «pipèr» signifiant «*piment* rouge» en langue *béarnaise*. Elle *se cuisine* traditionnellement dans une *cazuela*, *récipient* en *terre cuite*, et accompagne généralement une viande ou un poisson. Dans sa *région d'origine*, elle *se déguste* souvent avec du *jambon de Bayonne* et parfois avec du fromage de *brebis*. Car elle *se doit d'être* rouge, blanche et verte *en référence au* drapeau basque.

Avec ou sans œufs

2 *Bien que* le terme de piperade évoque généralement une omelette avec des *oignons*, des tomates et des *poivrons*, les œufs n'entrent dans sa préparation que comme un *agrément* éventuel. *Quoi qu'il en soit*, elle est délicieuse, même sans *accompagnement*, dans sa version végétarienne.

3 *Peler* les oignons et les couper en lamelles. Peler l'*ail* et le *hacher finement*. *Éplucher* poivrons, piments et tomates avec *un économe* (il en existe des spéciaux pour poivrons et tomates). Couper les poivrons et les piments en *lanières* et les tomates en *quartiers*.

4 *Verser* l'huile dans *une sauteuse* et faire cuire les oignons pendant 5 minutes *sur feu doux*. Ajouter les poivrons et les piments et laisser *mijoter* 8 minutes en *brassant* régulièrement. Ajouter les tomates, le sucre, le sel et une prise de *piment d'Espelette*, et faire cuire *sur feu vif* 5 minutes environ en brassant pour *faire évaporer* le liquide, baisser le feu et laisser cuire encore 10 à 15 minutes.

5 Si vous voulez manger votre piperade en omelette, battre 2 œufs avec une prise de sel, les verser sur les légumes. Mélanger et laisser cuire pendant 5 minutes. *Le bon accord*: un *irouléguy* ou un *pays-d'oc* rouge.

Légendes **DRAPEAU** (m.) Fahne – **blason** (m.) Wappen
0–1 **piperade** (f.) (traditionelles baskisches Gericht, oft als Gemüse-Omelette zu Fleisch oder Fisch serviert) – **devoir qc à qn/qc** jdm./e-r S. etw. verdanken – **piment** (m.) Peperoni – **béarnais** aus dem Béarn (gemeinsam mit dem Baskenland bildet die historische Provinz Béarn das Departement Pyrénées-Atlantiques) – **se cuisiner** zubereitet werden – **cazuela** (f.) (span.) h.: feuerfeste Tonschale – **récipient** (m.) Gefäß – **la terre cuite** der Ton, die Terrakotta – **la région d'origine** (f.) die Herkunftsregion – **se déguster** verzehrt werden – **le jambon de Bayonne** (Schinkenspezialität, vergleichbar mit Parmaschinken), **Bayonne** (baskische Stadt im Departement Pyrénées-Atlantiques, Region Nouvelle-Aquitaine) – **brebis** (f.) (Mutter-)Schaf – **se devoir d'être…** gem.: unbedingt … sein müssen – **en référence** (f.) **à qc** entsprechend e-r S.
2–3 **bien que** obwohl – **oignon** (m.) Zwiebel – **poivron** (m.) Paprika(schote) – **agrément** (m.) h.: besonderer Zusatz, Verfeinerung – **quoi qu'il en soit** wie dem auch sei – **accompagnement** (m.) h.: Beilage – **peler** schälen – **ail** (m.) Knoblauch – **hacher finement** fein hacken – **éplucher** schälen – **un économe** ein Sparschäler – **lanière** (f.) Streifen – **quartier** (m.) Viertel
4–5 **verser** gießen – **une sauteuse** e-e hochwandige Pfanne – **sur feu** (m.) **doux** bei schwacher Hitze – **mijoter** köcheln – **brasser** umrühren – **le piment d'Espelette** die Espelette-Peperoni, **Espelette** (baskische Stadt im Departement Pyrénées-Atlantiques, Region Nouvelle-Aquitaine) – **sur feu** (m.) **vif** bei starker Hitze – **faire évaporer** verdunsten lassen – **le bon accord** h. gem.: das passende Getränk dazu – **irouléguy** (m.) (Rot-, Weiß- oder Roséwein aus der Gegend um die baskische Gemeinde Irouléguy, e-m der kleinsten Weinbaugebiete Frankreichs) – **pays-d'oc** (m.) (Rot-, Weiß- oder Roséwein aus den Weinregionen Languedoc und Roussillon in Südfrankreich)

| PHOTO: *Nicole Seidel-Guinebretière*

Ingrédients pour 4 personnes

- 4 *cuisses de poulet*
- 2 grosses *tranches* de *jambon de Bayonne* (200 g)
- 500 g de tomates bien *mûres*
- 2 *poivrons* verts
- 2 poivrons rouges
- 2 oignons
- 2 *gousses d'ail*
- 10 cl de vin blanc sec
- 1 *bouquet garni*
- huile d'olive
- sel et *piment d'Espelette (en poudre)*

Préparation: 45 minutes

Cuisson: 1 heure

LA CUISSE de poulet (m.) die Hähnchenkeule – **tranche** (f.) Scheibe – **le jambon de Bayonne** (Schinkenspezialität, vergleichbar mit Parmaschinken), **Bayonne** (baskische Stadt im Departement Pyrénées-Atlantiques, Region Nouvelle-Aquitaine) – **mûr, mûre** reif – **poivron** (m.) Paprika(schote) – **la gousse d'ail** (m.) die Knoblauchzehe – **un bouquet garni** ein Bund Küchenkräuter – **le piment d'Espelette** die Espelette-Peperoni, **Espelette** (baskische Stadt im Departement Pyrénées-Atlantiques, Region Nouvelle-Aquitaine) – **en poudre** (f.) gemahlen

Poulet basquaise

1 LE PAYS basque, c'est le pays des piments et des poivrons par excellence. Le plus connu est certainement *le piment d'Espelette*, qui *intervient* dans presque toutes les recettes salées. Mais le plus consommé dans la région est le piment doux d'*Anglet*, de forme mince et allongée. Il existe aussi d'autres piments moins courants, aux formes et couleurs diverses, au *piquant* plus ou moins fort, et aux noms qui sentent bon le Sud et le soleil: piment de Guernika, Guindillas de Tolosa, Piquillo de Lodosa... Hors du Pays basque on devra *se rabattre sur* de simples poivrons.

2 Cela fait longtemps que le poulet basquaise a *conquis* l'ensemble de *l'Hexagone* et pratiquement chaque cuisinière a sa propre recette. Pour un repas en famille on prend bien sûr un poulet entier que l'on découpe avant de le cuisiner. Chaque *convive* pourra ainsi choisir son *morceau* préféré.

Le poivron et le piment *sont deux ingrédients rois de la cuisine basque. Le premier est doux, le second peut être doux ou fort.* | PHOTO: *Fotolia/coco*

3 *Plonger* 30 secondes les tomates dans de *l'eau bouillante*, les refroidir à l'eau froide, les *éplucher* et les couper en gros *dés*. *Épépiner* les poivrons et les couper en grosses *lanières*. *Peler* et hacher l'ail et les oignons. Couper *le jambon de Bayonne* en gros dés ou en lanières. Dans une grande *cocotte, faire dorer* les morceaux de poulet dans l'huile d'olive *à feu vif*, ajouter le jambon, l'oignon et l'ail. Faire cuire en *brassant* pendant 5 minutes. *Ressortir* la viande, *verser* le vin pour *déglacer*.

4 Ajouter les tomates, les poivrons, le piment d'Espelette et le *bouquet garni*. Saler légèrement (pas trop, le jambon est déjà salé), *couvrir* et laisser *mijoter* environ 20 minutes. Remettre le poulet et le jambon, et laisser cuire encore 30 minutes. *Rectifier l'assaisonnement*.Traditionnellement le poulet basquaise est servi avec du riz. *Le bon accord:* un rouge ou un rosé du *Pays d'Oc* ou d'*Irouléguy*.

Légende **POIVRON** (m.) Paprika(schote) – **piment** (m.) Peperoni – **doux, douce** h.: mild – **fort** h.: scharf

0–1 **poulet** (m.) Huhn, Hähnchen – **(à la) basquaise** nach baskischer Art (mit Tomaten, Paprika und rohem Schinken) – **le piment d'Espelette** die Espelette-Peperoni, **Espelette** (Stadt im Departement Pyrénées-Atlantiques, Region Nouvelle-Aquitaine) – **intervenir** h.: verwendet werden – **Anglet** (Stadt im Departement Pyrénées-Atlantiques, Region Nouvelle-Aquitaine; zwischen Biarritz und Bayonne gelegen) – **piquant** (m.) h.: Schärfe – **se rabattre sur qc** s. mit etw. zufriedengeben

2–3 **conquérir** erobern – **l'Hexagone** (m.) gem.: Frankreich (das „Sechseck") – **le/la convive** der Gast (am Esstisch) – **morceau** (m.) Stück – **plonger** tauchen – **l'eau** (f.) **bouillante** das kochende Wasser – **éplucher** h.: häuten – **dé** (m.) Würfel – **épépiner** entkernen – **lanière** (f.) Streifen – **peler** schälen – **le jambon de Bayonne** (Schinkenspezialität, vergleichbar mit Parmaschinken), **Bayonne** (baskische Stadt im Departement Pyrénées-Atlantiques, Region Nouvelle-Aquitaine) – **cocotte** (f.) Schmortopf – **faire dorer** goldbraun braten – **à feu** (m.) **vif** bei starker Hitze – **brasser** um-, durchrühren – **ressortir** h.: herausnehmen – **verser** angießen – **déglacer** ablöschen

4 **un bouquet garni** ein Bund Küchenkräuter – **couvrir** h.: den Deckel auflegen – **mijoter** köcheln – **rectifier l'assaisonnement** (m.) nachwürzen – **le bon accord** h. gem.: das passende Getränk dazu – **le Pays d'Oc** (großes Weinanbaugebiet in Südfrankreich; umfasst die Weinregionen Languedoc und Roussillon und den rechten Teil der südlichen Rhône) – **Irouléguy** (Gegend um die baskische Gemeinde Irouléguy; e-s der kleinsten Weinbaugebiete Frankreichs)

Txilindron

| PHOTO: *Nicole Seidel-Guinebretière*

Ingrédients pour 6 personnes

- 1 kg d'*agneau*
- 3 tomates
- 1 grosse tranche de *jambon de Bayonne* (150 g)
- 2 *piments* (ou *poivrons*) rouges
- 2 piments (ou poivrons) verts
- 2 oignons
- 2 *gousses d'ail*
- huile d'olive
- sel et *piment d'Espelette (en poudre)*

Préparation: 15 minutes

Cuisson: 1 heure

AGNEAU (m.) Lamm(fleisch) – **le jambon de Bayonne** (Schinkenspezialität, vergleichbar mit Parmaschinken), **Bayonne** (baskische Stadt im Departement Pyrénées-Atlantiques, Region Nouvelle-Aquitaine) – **piment** (m.) Peperoni – **poivron** (m.) Paprika(schote) – **la gousse d'ail** (m.) die Knoblauchzehe – **le piment d'Espelette** die Espelette-Peperoni, **Espelette** (baskische Stadt im Departement Pyrénées-Atlantiques, Region Nouvelle-Aquitaine) – **en poudre** (f.) gemahlen

1 LE TXILINDRON est le ragoût basque traditionnel préparé avec de l'*agneau* ou du *poulet*. Il est habituellement accompagné de pommes de terre et servi très chaud dans une *cazuela*. Ernest Hemingway, dont on dit qu'il était un *fin gourmet*, citait le txilindron parmi ses *plats* préférés pendant son séjour en Espagne. Ce *mets* est si populaire au Pays basque que tous les ans, en hiver, a lieu le *concours* du txilindron d'agneau, dans le cadre d'une grande journée de fête.

2 Spécialité de la région, le jambon de Bayonne porte depuis 1998 le label européen IGP (indication géographique protégée), qui *détermine* aussi l'*origine* du sel utilisé pour *la salaison*. *Or*, il y a quelques années, la *fermeture* des *salines* de Bayonne, *fournisseur* traditionnel des *salaisons* locales, avait *fait craindre pour* l'avenir de l'*emblématique* jambon. Mais les *proches* salines de Salies-de-Béarn ont pu *prendre la relève*, et permettent aujourd'hui la fabrication annuelle de plus d'un million de jambons de Bayonne.

3 *Ébouillanter* les tomates pour pouvoir les *éplucher* et les couper en gros *cubes*. Éplucher et *hacher* les oignons et l'ail. Laver, *épépiner* et couper les piments (ou *poivrons*) en *lanières*. Couper l'agneau et le jambon en gros cubes. *Faire revenir* les oignons dans l'huile d'olive, ajoutez l'*ail* et les tomates. Cuire *sur feu doux* pendant 10 minutes et *réserver*. *Faire sauter sur feu vif* le jambon et l'agneau dans une *cocotte*, ajoutez les *piments* (ou poivrons). *Réduire le feu*, ajouter la sauce tomate *préalablement* préparée, saler, *pimenter* et laisser *mijoter* 45 minutes sur feu doux. Accompagner de *pommes de terre vapeur*, ou encore de riz ou de *pâtes*. *Le bon accord:* un *irouléguy* rouge ou un *pays-d'oc*.

Depuis plus *de 550 ans, la ville de Bayonne célèbre lors d'une foire annuelle son célèbre jambon. À cette occasion, les membres de la Confrérie du jambon de Bayonne revêtent leurs habits traditionnels.* | PHOTO: *Gaizka Iroz/AFP/Getty Images*

Légende **FOIRE** (f.) h.: Messe – **confrérie** (f.) Bruderschaft, Gilde (diese in Frankreich weit verbreiteten Vereine setzen sich für die Bewahrung kulinarischer Traditionen und regionaler Spezialitäten ein) – **le jambon de Bayonne** (Schinkenspezialität aus dem Baskenland, vergleichbar mit Parmaschinken), **Bayonne** (baskische Stadt im Departement Pyrénées-Atlantiques, Region Nouvelle-Aquitaine) – **revêtir** anziehen

1 **agneau** (m.) Lamm(fleisch) – **poulet** (m.) Hähnchen, Hühnerfleisch – **cazuela** (f.) (span.) h.: feuerfeste Tonschale – **le fin gourmet** der Feinschmecker – **plat** (m.) h.: Gericht – **mets** (m.) Speise – **concours** (m.) Wettbewerb

2 **déterminer** bestimmen, festlegen – **origine** (f.) Herkunft – **la salaison** h.: das Pökeln – **or** nun ... aber – **fermeture** (f.) Schließung – **salines** (f. pl.) Salzgewinnungsanlagen, Salinen – **fournisseur** (m.) Lieferant – **salaison** (f.) h.: Pökelfleisch(produkt) – **faire craindre pour qc** Befürchtungen hinsichtlich e-r S. wecken – **emblématique** h. gem.: für die Region typisch – **proche** nahe gelegen – **prendre la relève** h.: die Tradition fortführen

3 **ébouillanter** abbrühen – **éplucher** schälen, h.: häuten – **cube** (m.) Würfel – **hacher** hacken – **épépiner** entkernen – **poivron** (m.) Paprika(schote) – **lanière** (f.) Streifen – **faire revenir** anbraten – **ail** (m.) Knoblauch – **sur feu** (m.) **doux** bei schwacher Hitze – **réserver** h.: zur Seite stellen – **faire sauter** anbraten – **sur feu** (m.) **vif** bei starker Hitze – **cocotte** (f.) Schmortopf – **piment** (m.) Peperoni – **réduire le feu** die Temperatur senken, die Hitze reduzieren – **préalablement** zuvor – **pimenter** h. gem.: mit der Espelette-Peperoni würzen – **mijoter** köcheln – **la pomme de terre** (f.) **vapeur** die Salzkartoffel, **vapeur** (f.) Dampf – **pâtes** (f. pl.) Nudeln – **le bon accord** h. gem.: das passende Getränk dazu – **irouléguy** (m.) (Rot-, Weiß- oder Roséwein aus der Gegend um die Gemeinde Irouléguy, e-m der kleinsten Weinbaugebiete Frankreichs) – **pays-d'oc** (m.) (Rot-, Weiß- oder Roséwein aus den Weinbauregionen Languedoc und Roussillon in Südfrankreich)

INGRÉDIENTS POUR 2 PERSONNES

- 250 g de *morue séchée épaisse*
- 1 oignon
- 2 *gousses d'ail*
- 2 tomates *mûres*
- 1 *poivron* rouge
- 2 *c. s.* de *concentré de tomates*
- 1 *botte de persil*
- 1 verre de vin blanc
- 1 c. s. de farine
- huile d'olive
- sel et *piment d'Espelette (en poudre)*
- quelques tomates cerises (facultatif)

Préparation: 50 minutes
Cuisson: 35 minutes

LA MORUE séchée der Stockfisch – **épais, épaisse** dick – **la gousse d'ail** (m.) die Knoblauchzehe – **mûr, mûre** reif – **poivron** (m.) Paprika(schote) – **c. s.** (f.) = **cuiller** (f.) **à soupe** (f.) Esslöffel – **le concentré de tomates** (f. pl.) das Tomatenmark – **la botte de persil** (m.) das Bund Petersilie – **le piment d'Espelette** die Espelette-Peperoni, **Espelette** (baskische Stadt im Departement Pyrénées-Atlantiques, Region Nouvelle-Aquitaine) – **en poudre** (f.) gemahlen

| PHOTO: *Nicole Seidel-Guinebretière*

Morue à la biscayenne

1 *LA MORUE séchée* a une grande tradition en Espagne et au Portugal. En effet, les Portugais furent les premiers Européens à pêcher la morue *au large de* Terre-Neuve *dès le tout début* du XVIe siècle, bientôt suivis par les Espagnols. *La salaison* leur permettait de conserver ce poisson pour le consommer pendant leurs voyages mais aussi pour le ramener *au pays*.

2 Les Biscayens et Biscayennes sont les habitants de *la Biscaye*, une province du nord du Pays basque espagnol et la «morue à la biscayenne» est un des *plats* traditionnels de la gastronomie basque commune aux parties espagnole et française. Et, comme dans presque toutes les recettes basques, on retrouve ici les *poivrons*, les tomates et *le piment d'Espelette*.

3 *Faire tremper* la morue pendant 24 heures dans de l'eau claire en changeant l'eau plusieurs fois. *Enlever* ensuite, *le cas échéant*, la peau et les *arêtes*. Couper le poisson en gros *morceaux*. *Préchauffer* le *four* à 220 °C.

4 *Éplucher* et *hacher* l'oignon et l'ail. *Ciseler* la moitié du *persil*. Couper les tomates en gros *cubes*. *Éplucher* le poivron, *éliminer* les *graines* et les *côtes* blanches à l'intérieur, puis le couper en gros morceaux. *Faire revenir* l'oignon, l'ail et le persil haché dans de l'huile *sur feu moyen* dans *un plat allant au four*. Lorsque le tout a *blondi*, ajouter une bonne *cuiller à soupe* de farine et bien mélanger.

5 *Déposer* dans le plat les morceaux de morue, de poivron et les cubes de tomates. Saler légèrement, *pimenter*. Laisser cuire 5 minutes. *Délayer le concentré de tomates* avec le vin et *verser* sur le poisson. Laisser *mijoter* 10 minutes, *passer au four* à 220 °C pendant 15 minutes. Décorer avec le reste de persil haché et quelques tomates cerises, et servir très chaud avec des *pommes vapeur*. *Le bon accord:* un *irouléguy* rosé ou blanc.

Le port de Saint-Jean-de-Luz *est l'un des plus anciens de la côte basque française. Dès le XVIe siècle, les pêcheurs y embarquaient pour Terre-Neuve et ses bancs de morue.* | PHOTO: *Getty Images*

Légende **EMBARQUER** h.: ablegen, aufbrechen – **Terre-Neuve** Neufundland – **banc** (m.) h.: Schwarm – **morue** (f.) Kabeljau

0–2 **biscayen, -enne** aus der Provinz Bizkaia (im Norden des spanischen Baskenlandes) – **la morue séchée** der Stockfisch – **au large** (m.) **de** vor der Küste von – **dès le tout début** gleich zu Beginn – **la salaison** h.: das Einsalzen – **au pays** (m.) gem.: in die Heimat – **la Biscaye** Bizkaia – **plat** (m.) h.: Gericht – **poivron** (m.) Paprika(schote) – **le piment d'Espelette** die Espelette-Peperoni, **Espelette** (baskische Stadt im Departement Pyrénées-Atlantiques, Region Nouvelle-Aquitaine)

3–4 **faire tremper** wässern – **enlever** entfernen – **le cas échéant** gegebenenfalls, wenn nötig – **arête** (f.) Gräte – **morceau** (m.) Stück – **préchauffer** vorheizen – **four** (m.) Backofen – **éplucher** schälen – **hacher** hacken – **ciseler** (Kräuter) klein hacken – **persil** (m.) Petersilie – **cube** (m.) Würfel – **éplucher** h.: häuten – **éliminer** h.: herausschneiden, entfernen – **graine** (f.) Kern, Samen – **côte** (f.) h.: Rippe, Trennwand – **faire revenir** anbraten – **sur feu** (m.) **moyen** bei mittlerer Hitze – **un plat allant au four** (m.) gem.: ein feuerfester Schmortopf, - Bräter – **blondir** h.: goldgelb werden – **la cuiller à soupe** (f.) der Esslöffel

5 **déposer** legen – **pimenter** h. gem.: mit der Espelette-Peperoni würzen – **délayer** verdünnen – **le concentré de tomates** (f. pl.) das Tomatenmark – **verser** gießen – **mijoter** köcheln – **passer au four** (m.) in den Ofen schieben – **la pomme vapeur** die Salzkartoffel, **vapeur** (f.) Dampf – **le bon accord** h. gem.: das passende Getränk dazu – **irouléguy** (m.) (Rot-, Weiß- oder Roséwein aus der Gegend um die Gemeinde Irouléguy, e-m der kleinsten Weinanbaugebiete Frankreichs)

Gâteau basque

| PHOTO: *Fotolia/Brad Pict*

Les vergers d'Itxassou *et de sa région, située dans la province basque du Labourd, comptent plus de 4 000 cerisiers.* | PHOTOS: *Getty Images*

1 LE GÂTEAU basque est une spécialité *incontournable*. On le trouve aussi bien à la table familialc, dans les restaurants locaux que chez les *pâtissiers*. Il doit être *croquant* à l'extérieur et *moelleux* à l'intérieur, et peut être *garni* soit de *crème pâtissière*, soit de confiture de *cerises* d'*Itxassou*.

2 Le village d'Itxassou et ses *environs* tirent une partie de leur renommée de leurs cerises noires qui entrent dans la composition de ce *fameux* gâteau ou peuvent aussi accompagner le fromage de *brebis* local, l'ossau-iraty. Le *sous-sol* de la région *renferme* par ailleurs des mines d'or déjà *exploitées* par les Romains. Il y a quelques années, une *compagnie minière avait envisagé de* tirer profit de ces *mines à ciel ouvert*. Mais la population *s'y* est *opposée* pour *sauvegarder* les *surfaces agricoles* qui, en plus des cerises, fournissent aussi *le piment d'Espelette*.

3 Mettre dans un grand *saladier* la farine, la *levure*, le sucre, le sel et le *zeste* de citron et mélanger. *Creuser en fontaine* et ajouter en une fois le beurre, l'œuf entier et les trois jaunes, puis les *incorporer* peu à peu au mélange farine-sucre en partant des bords vers le centre, jusqu'à ce que la *pâte* soit homogène. Laisser reposer au moins 1 heure au réfrigérateur.

4 *Préchauffer* le four à 180 °C. Beurrer et *fariner un moule à tarte*. Couper la pâte en deux parties égales. *Étaler* une première moitié *au rouleau* et *tapisser* le moule en remontant sur les bords. *Répartir* la confiture de cerises. Recouvrir avec la deuxième moitié de pâte. *Dorer* le dessus du gâteau au *pinceau* avec le jaune d'œuf mélangé à une *cuiller à soupe* d'eau froide. Dessiner des *croisillons* à la fourchette. Mettre au four pendant 40 minutes et laisser refroidir avant de *démouler* le gâteau.

| PHOTO: *pixabay*

INGRÉDIENTS POUR 6 PERSONNES

(*moule* de 22 cm)

- 300 g de farine
- 150 g de sucre
- 200 g de beurre *mou*
- 300 g de confiture de *cerises d'Itxassou*
- ½ *sachet* de *levure chimique*
- 1 œuf entier
- 3 jaunes d'œufs
- le *zeste râpé* d'un citron
- 1 *pincée* de sel

Pour le moule

- 20 g de beurre
- 1 *c. s.* de farine

Pour la décoration

- 1 jaune d'œuf mélangé à 1 c. s. d'eau froide

Préparation: 15 minutes
Temps de repos: 1 heure
Cuisson: 40 minutes

MOULE (m.) h.: Kuchen-, Backform – **mou, mol, molle** weich – **cerise** (f.) Kirsche – **Itxassou** (Gemeinde im französischen Baskenland vor der spanischen Grenze) – **sachet** (m.) h.: Tütchen – **la levure chimique** das Backpulver – **zeste** (m.) Schale – **râpé** h.: gerieben – **pincée** (f.) Prise – **c. s.** (f.) **= cuiller** (f.) **à soupe** (f.) Esslöffel – **le temps de repos** (m.) (Teig) die Ruhezeit

Légende VERGER (m.) Obstgarten – **cerisier** (m.) Kirschbaum
0–1 **basque** baskisch – **incontournable** unumgänglich – **pâtissier** (m.) Konditor, h. gem.: Konditorei – **croquant** knusprig – **moelleux, -euse** weich – **garnir** h.: füllen – **la crème pâtissière** die Vanillecreme – **cerise** (f.) Kirsche – **Itxassou** (Gemeinde im französischen Baskenland vor der spanischen Grenze)
2 **les environs** (m. pl.) die Umgebung – **fameux, -euse** h.: berühmt – **brebis** (f.) (Mutter-)Schaf – **sous-sol** (m.) h.: Boden – **renfermer** enthalten – **exploiter** h.: betreiben – **la compagnie minière** die Bergbaugesellschaft – **envisager de faire qc** erwägen, etw. zu tun – **la mine à ciel** (m.) **ouvert** die Mine über Tage – **s'opposer à qc** sich e-r S. widersetzen – **sauvegarder** h.: schützen – **la surface agricole** die landwirtschaftliche Fläche – **le piment d'Espelette** die Espelette-Peperoni, **Espelette** (baskische Stadt im Departement Pyrénées-Atlantiques, Region Nouvelle-Aquitaine)
3–4 **saladier** (m.) h.: Rührschüssel – **levure** (f.) Backpulver – **zeste** (m.) (geriebene) Schale – **creuser en fontaine** (f.) in die Mitte e-e Mulde drücken – **incorporer** h.: vermischen – **pâte** (f.) Teig – **préchauffer** vorheizen – **fariner** mit Mehl bestäuben – **un moule à tarte** (f.) e-e runde Kuchenform – **étaler au rouleau** ausrollen, **rouleau** (m.) h.: Nudelholz – **tapisser** h.: bedecken – **répartir** verteilen – **dorer** h.: bestreichen – **pinceau** (m.) Pinsel – **la cuiller à soupe** (f.) der Esslöffel – **croisillon** (m.) h.: Raute(nmuster) – **démouler** aus der Form nehmen

Bretagne

- *La salade du pêcheur*
- *Galettes de sarrasin*
- *Cotriade*
- *Kig ha farz*
- *Pommé*

«Femmes de Plougastel *au pardon de Sainte-Anne-la-Palud». Ce tableau peint par Charles Cottet en 1903 montre des jeunes Bretonnes partageant un pique-nique lors d'un pardon, une forme de pèlerinage que l'on rencontre principalement en Bretagne. Sur la droite, l'une des femmes boit une bolée de cidre.* | PHOTO: *Getty Images*

Le phare de la Vieille, *au large de la pointe du Raz.* | PHOTO: *Getty Images*

Cuisiner à la mode bretonne

1 LA NATURE a *doté* la Bretagne *de* nombreux avantages dont elle a su *tirer profit*. La mer qui l'entoure, de *Cancale* à *Pornic*, *abonde en* poissons, *crustacés* et *coquillages*. Et son climat *tempéré favorise* une agriculture *diversifiée*. Fraises de Plougastel, *artichauts*, *choux-fleurs*, ail, échalotes et autres oignons roses de *Roscoff*, très prisés des Anglais: la réputation de ces produits n'est plus à faire. Et puis il y a bien sûr les *innombrables* variétés de pommes, qui se retrouvent dans le cidre, le *lambig* et *moult* gâteaux.

2 Côté *céréales*, *le pays de Breizh* a un faible pour *le blé noir*, appelé aussi sarrasin, qu'on utilise pour les *galettes*, *fars* ou *bouillies*. Quant aux vaches bretonnes, elles donnent le lait dont on fabrique un beurre exceptionnel, *incontournable* dans la gastronomie régionale – et souvent salé, comme dans les fameux caramels au beurre salé de *Guérande*. Enfin, *l'élevage du cochon* a en Bretagne une longue tradition. D'où l'importance de la *charcuterie* locale, avec ses *pâtés*, son *lard*, ses *andouilles* de *Guéméné*, *Pleyben* ou *Fouesnant*…

3 Malgré son caractère rustique, la cuisine traditionnelle de Bretagne *demande* beaucoup d'attention et surprend par son *niveau d'élaboration*. Et surtout, elle est *conviviale* et *substantielle*. *Solitaires invétérés* ou *petites natures*, s'abstenir! Oubliez tous les *régimes*! Il faut rappeler que les conditions de vie étaient autrefois *rudes* dans cette région et que les repas devaient être *consistants*. *Les matières grasses* et l'alcool étaient vite *éliminés* pendant la *pêche* ou *les travaux des champs*. Par ailleurs, plusieurs générations vivant sous le même *toit*, il y avait toujours assez de femmes à la maison pour préparer les repas.

La Bretagne, *région des crêpes, est aussi celle du caramel au beurre salé. Sous forme de bonbon, de sauce ou de pâte à tartiner, cette spécialité est toujours délicieuse.* | PHOTO: *Fotolia/Jérôme Rommé*

4 Enfin, notons que la consommation de vin ne *s'est banalisée* chez les Bretons qu'au XXe siècle. À part *le muscadet de Nantes* pour accompagner les produits de la mer, ils n'ont longtemps bu que du cidre et du lait. *Yec'hed mat!* Et *kalon digor!*

Légendes **PLOUGASTEL** gem.: Plougastel-Daoulas (Stadt im Departement Finistère) – **pèlerinage** (m.) Pilgerfahrt – **une bolée de cidre** (m.) ein Schälchen (voll) Cidre – **phare** (m.) Leuchtturm – **la pointe du Raz** (felsiges Kap im Westen der Gemeinde Plogoff im Departement Finistère), **pointe** Spitze – **la pâte à tartiner** der Brotaufstrich

1 **doter qc de qc** etw. mit e-r S. ausstatten – **tirer profit** (m.) **de qc** aus etw. Nutzen ziehen – **Cancale** (bretonische Stadt im Departement Ille-et-Vilaine) – **Pornic** (Stadt in der Region Pays de la Loire, gehört zur historischen Bretagne) – **abonder en qc** an etw. reich sein – **crustacé** (m.) Krustentier – **coquillage** (m.) h.: Muschel – **tempéré** gemäßigt – **favoriser qc** etw. begünstigen – **diversifié** vielfältig, vielseitig – **artichaut** (m.) Artischocke – **chou-fleur** (m.) Blumenkohl **(des choux-fleurs)** – **Roscoff** (bretonische Stadt im Departement Finistère) – **innombrable** unzählig – **lambig** (m.) (Obstler aus Äpfeln) – **moult** eine Vielzahl von

2 **céréale** (f.) Getreide – **le pays de Breizh** (bretonisch) die Bretagne – **le blé noir** der Buchweizen – **galette** (f.) (dünner salziger Pfannkuchen aus Buchweizen) – **far** (m.) traditioneller bretonischer (Obst-)Kuchen – **bouillie** (f.) Brei – **incontournable** unumgänglich – **Guérande** (Stadt in der Region Pays de la Loire, für ihre Salzgärten bekannt; gehört zur historischen Bretagne) – **l'élevage** (m.) **du cochon** (m.) die Schweinezucht – **charcuterie** (f.) h.: Wurstwaren – **pâté** (m.) h.: Schweinefleischpastete – **lard** (m.) Speck – **andouille** (f.) (Wurst aus Innereien vom Schwein oder Kalb) – **Guéméné** (bretonische Stadt im Departement Morbihan), **Pleyben, Fouesnant** (bretonische Städte im Departement Finistère)

3 **demander** h.: erfordern – **le niveau d'élaboration** (f.) gem.: das Raffinement – **convivial** gesellig – **substantiel, -ielle** gehaltvoll – **le solitaire** gem.: der Einzelgänger – **invétéré** unverbesserlich – **une petite nature** gem.: ein zartes Persönchen – **régime** (m.) h.: Diät – **rude** rau, h.: hart – **consistant** gehaltvoll – **les matières** (f. pl.) **grasses** das Fett – **éliminer** h.: abbauen, verbrennen – **pêche** (f.) Fischfang – **les travaux** (m. pl.) **des champs** (m. pl.) die Feldarbeit(en) – **toit** (m.) Dach, h. gem.: Haus

4 **se banaliser** alltäglich werden – **le muscadet de Nantes** (trockener Weißwein aus der Gegend von Nantes, ehemaliger Hauptstadt der Bretagne) – **yec'hed mat!** (bretonisch) auf Ihr Wohl! – **kalon digor!** (bretonisch) guten Appetit!

La salade du pêcheur

1 VOICI UNE recette à préparer à l'avance, assez simple et relativement légère pour la cuisine bretonne. Il s'agit *en fait* d'une entrée, mais elle peut tout aussi bien *se déguster* comme *plat de résistance* si on la sert chaude. Le maquereau est un poisson riche en oméga 3, *couramment* consommé en France. *À chair ferme*, il se cuisine facilement et son goût *particulier* et *prononcé se marie* parfaitement *au* vin blanc ou au cidre, à la moutarde ou à la tomate, par exemple.

Préparation

2 Poser les filets de maquereau dans *une poêle anti-adhésive*, la peau vers le haut. Saler, poivrer, *arroser* avec deux cuillers à soupe de *vinaigre de cidre* et le vin. Faire *frémir* 2 à 3 minutes et *laisser refroidir*. Pour la vinaigrette, mélanger dans un *saladier* la moutarde et 8 cl de vinaigre de cidre, verser progressivement l'huile en *brassant vivement*, ajouter les échalotes. Saler et poivrer. Couper finement la *branche* et les feuilles de céleri, les mélanger à la vinaigrette.

3 *Écraser* l'*œuf dur* à la fourchette. Faire cuire les *pommes de terre en robe de chambre*, les *éplucher* aussitôt, les couper en grosses *rondelles* et les mélanger doucement avec la vinaigrette. Ajouter 4 *cuillers à soupe* du *jus de cuisson* des maquereaux et bien mélanger.

Pour servir

4 *Dresser* sur une assiette la salade de pommes de terre, y déposer le filet de maquereau, *répartir* l'œuf écrasé. Servir à *température ambiante*. *Le bon accord:* un muscadet. Vous pouvez aussi remplacer le vin blanc par du cidre brut, aussi bien dans l'assiette que dans vos verres.

| PHOTO: *Nicole Seidel-Guinebretière*

Ingrédients pour 2 personnes

- 2 filets de petits *maquereaux*
- *vinaigre de cidre*
- 15 cl de *muscadet*
- 2 grosses pommes de terre
- ½ *branche* de céleri
- 2 échalotes *hachées*
- 1 *œuf dur*
- 1 *cuiller à café* de moutarde
- 3 *cuillers à soupe* d'huile
- sel, poivre

MAQUEREAU (m.) Makrele – **le vinaigre de cidre** (m.) der Apfelessig – **muscadet** (m.) (trockener Weißwein aus der Gegend von Nantes) – **branche** (f.) h.: Stange – **haché** gehackt – **un œuf dur** ein hartgekochtes Ei – **la cuiller à café** (m.) der Teelöffel – **la cuiller à soupe** (f.) der Esslöffel

Peu cher et riche *en oméga 3, le maquereau fait partie des poissons pêchés au large des côtes bretonnes.* | PHOTO: *picture alliance/ Foodcollection*

Légende MAQUEREAU (m.) Makrele

1 **en fait** eigentlich – **se déguster** (mit Genuss) verzehrt werden – **le plat de résistance** (f.) das Hauptgericht – **couramment** h.: häufig – **à chair** (f.) **ferme** mit festem Fleisch – **particulier, -ière** besonders, speziell – **prononcé** h.: intensiv – **se marier à** h.: harmonieren mit

2 **une poêle anti-adhésive** e-e antihaftbeschichtete Pfanne – **arroser** begießen – **le vinaigre de cidre** (m.) der Apfelessig – **frémir** h.: sieden – **laisser refroidir** abkühlen lassen – **saladier** (m.) Salatschüssel – **brasser** rühren – **vivement** h.: kräftig – **branche** (f.) h.: Stange

3 **écraser** zerdrücken – **un œuf dur** ein hartgekochtes Ei – **la pomme de terre** (f.) **en robe** (f.) **de chambre** (f.) die Pellkartoffel – **éplucher** schälen – **rondelle** (f.) runde Scheibe – **la cuiller à soupe** (f.) der Esslöffel – **le jus de cuisson** (f.) der Sud

4 **dresser** anrichten – **répartir** verteilen – **la température ambiante** die Raumtemperatur – **le bon accord** h. gem.: das passende Getränk dazu

Le muscadet *fut pendant longtemps le vin des Bretons. Cultivé au sud de la Bretagne dans la région de Nantes, qui fut autrefois une grande capitale bretonne, il s'accorde particulièrement bien avec les produits de la mer.* | PHOTO: *picture alliance/DUMONT Bildarchiv*

Faite de sarrasin, *aussi appelé «blé noir», la galette bretonne est plus épaisse que la crêpe et se mange avec une garniture salée.* | Photo: *Nicole Seidel-Guinebretière*

En France, *on compte près de 5 000 crêperies, dont plus de 1 800 en Bretagne.* | Photo: *Getty Images*

Galettes de sarrasin

1 Depuis fort longtemps, les crêpes et les galettes de *blé noir font partie intégrante du patrimoine gastronomique* de la Bretagne; elles sont *intimement liées au* quotidien des Bretons, qui en ont fait leur nourriture de base pendant des siècles. Traditionnellement préparées avec des ingrédients identiques – farine de blé noir, eau, sel et *saindoux* –, seule la façon de les *déguster* les *différenciait*: la crêpe, fine et sèche, était accompagnée de beurre ou de *lait Ribot*; la galette, légèrement plus épaisse et *garnie*, était servie avec des *saucisses* chaudes ou des sardines grillées. Ce n'est que bien plus tard que l'on introduit *la farine de froment* et que l'on garnit les crêpes et les galettes d'œufs, de fromage, de *jambon*, etc.

2 Mettre la farine dans un grand *saladier*, ajouter au centre l'œuf et le sel. Travailler progressivement la *pâte* avec une cuiller en bois en ajoutant l'eau *petit à petit*, toujours au centre. Lorsqu'elle a la consistance d'une mayonnaise, la *battre vigoureusement* au *fouet électrique* pour la rendre légère et *mousseuse*. Puis ajouter encore un peu d'eau pour la rendre un peu plus fluide. Recouvrir le saladier d'un *torchon* et *laisser reposer* la pâte plusieurs heures, de préférence même une nuit, dans un endroit frais. Pendant ce temps la pâte a *épaissi*. Avant de cuire les galettes, ajouter l'huile et un peu de lait pour retrouver la fluidité d'avant le repos.

3 *Faire blondir* l'oignon dans du beurre, ajouter les champignons et l'ail et laisser cuire 10 minutes en *brassant*. Chauffer le four à 80 °C. Faire cuire toutes les galettes dans un peu de beurre dans une grande poêle, 2 minutes de chaque côté. Procéder comme pour des crêpes fines. Les garnir *au fur et à mesure* d'*une demi-tranche* de *jambon blanc*, de 2 cuillers de champignons, de 2 *rondelles* de tomate, *saupoudrer* de persil et de *fromage râpé* et *ramener* les *bords* de la galette *vers le centre* pour former un carré. Garder les galettes au chaud dans le four avant de toutes les servir, accompagnées éventuellement d'une salade verte. *Le bon accord:* du cidre brut ou demi-sec, du lait frais ou du lait Ribot.

Ingrédients pour 6 galettes

Pour la *pâte*

- 250 g de farine de *sarrasin*
- 1 œuf
- 1 *cuiller à café* de *sel marin*
- 1 petit *pichet* d'eau froide
- 3 *cuillers à soupe* d'huile
- ½ tasse de lait

Pour la *garniture*

- 300 g de *champignons de Paris*
- 1 oignon *haché*
- 2 *gousses d'ail* hachées
- 2 cuillers à soupe de persil haché
- 3 *tranches* de *jambon blanc* coupées en deux
- 2 tomates
- de l'emmental *râpé*
- beurre

galette (f.) (dünner salziger Pfannkuchen aus Buchweizen) – **sarrasin** (m.) Buchweizen – **pâte** (f.) Teig – **la cuiller à café** (m.) der Teelöffel – **le sel marin** das Meersalz – **pichet** (m.) Krug – **la cuiller à soupe** (f.) der Esslöffel – **garniture** (f.) h.: Füllung – **le champignon de Paris** der Champignon – **haché** gehackt – **la gousse d'ail** (m.) die Knoblauchzehe – **tranche** (f.) Scheibe – **le jambon blanc** der Kochschinken – **râpé** gerieben

Pour faire cuire *ses crêpes et ses galettes, le crêpier utilise une plaque ronde et sans rebords appelée «billig» en breton, «galetière» ou «crêpière» en français.* | Photo: *picture alliance/DUMONT Bildarchiv*

Légendes **sarrasin** (m.) Buchweizen – **galette** (f.) (dünner salziger Pfannkuchen aus Buchweizen) – **crêpe** (f.) (dünner süßer Pfannkuchen aus Weizen) – **garniture** h.: Füllung – **plaque** (f.) h.: Platte – **rebord** (m.) Rand

1 **le blé noir** der Buchweizen – **faire partie** (f.) **intégrante de qc** fester Bestandteil e r S. sein – **le patrimoine gastronomique** das gastronomische Erbe, gem.: die traditionelle Küche – **être intimement lié à qc** mit etw. eng verbunden sein – **saindoux** (m.) Schweineschmalz – **déguster** verzehren, genießen – **différencier** unterscheiden – **le lait Ribot** die bretonische Buttermilch – **garnir** h.: füllen – **saucisse** (f.) Wurst – **la farine de froment** (m.) das Weizenmehl – **jambon** (m.) Schinken

2–3 **saladier** (m.) h.: Rührschüssel – **pâte** (f.) Teig – **petit à petit** nach und nach – **battre** schlagen – **vigoureusement** kräftig – **le fouet électrique** das Handrührgerät – **mousseux, -euse** schaumig – **torchon** (m.) Geschirrtuch, Küchentuch – **laisser reposer** ruhen lassen – **épaissir** dickflüssiger werden – **faire blondir** glasig dünsten – **brasser** umrühren – **au fur et à mesure** nach und nach – **une demi-tranche** e-e halbe Scheibe – **le jambon blanc** der Kochschinken – **rondelle** (f.) runde Scheibe – **saupoudrer** bestreuen – **le fromage râpé** der geriebene Käse – **ramener vers le centre** gem.: zur Mitte hin umklappen – **bord** (m.) Rand – **le bon accord** h. gem.: das passende Getränk dazu

| PHOTO: *Nicole Seidel-Guinebretière*

Cotriade

1 LE NOM COTRIADE, *originaire du Finistère* et du *Morbihan*, vient du breton «kaoteriad», désignant *tout bonnement* le *contenu* d'une *marmite*. Le plus simple serait de comparer la cotriade à la bouillabaisse marseillaise, comparaison que les Bretons n'*apprécieraient* sûrement pas! Et je leur *donnerais raison*. Comme pour toutes les spécialités traditionnelles locales, les recettes varient selon les ingrédients qu'on peut trouver, et souvent selon les familles.

2 La cotriade est un mélange de poissons, *crustacés* et légumes, le tout *arrosé* d'*un filet d'huile* et de vinaigre. La liste des poissons entrant dans la préparation d'une cotriade est longue et dépend de la *pêche*. Vous pouvez varier les sortes de poissons et de crustacés selon vos goûts ou les produits *disponibles*, *sachant* cependant *que* le *maquereau* est obligatoire et que *l'ordre de cuisson* est *décisif* pour la réussite de cette spécialité: les *poissons fermes* viennent en premier et les sardines en dernier. Comme souvent pour les *plats* bretons, sa préparation *nécessite* un certain temps, même si la recette n'est pas vraiment difficile. Le résultat *récompense* de *la peine prise*.

3 Nettoyer les *moules* et les faire ouvrir *sur feu moyen* dans un verre de *muscadet*. Filtrer le *jus* et le *réserver*. *Écailler soigneusement* les poissons, puis bien les laver. Les couper en portions. *Éplucher* les légumes. Couper les pommes de terre en gros *dés*, les carottes en *rondelles* et le *poireau* en *tronçons* de 5 à 6 cm. Couper *grossièrement* les oignons et l'*ail*. Dans une grande marmite *faire revenir* les oignons dans le beurre. Ajouter les légumes et bien *brasser*. Ajouter l'ail, le *bouquet garni*, du sel et du poivre. *Verser* le reste de muscadet, le jus des moules, compléter d'eau. *Couvrir* et laisser *mijoter* sur feu moyen pendant 15 minutes.

4 *Entre-temps* préparer dans un *bol* la vinaigrette avec 3 *cuillers à soupe* de vinaigre, 9 cuillers à soupe d'huile, le *persil*, la *ciboulette*, saler et poivrer. Ajouter dans la marmite le *congre*, la *dorade* et le *merlu*, puis 5 minutes plus tard le maquereau et le *grondin*. Couvrir à nouveau et continuer la cuisson *sur feu doux* pendant 5 minutes, puis ajouter enfin les sardines pour les 5 dernières minutes. Faire griller les *tranches* de pain et les *beurrer*.

Pour servir

Mettre les poissons dans *un* grand *plat creux*, entourer avec les légumes et arroser de bouillon.

Pour déguster

Poser une tranche de pain dans chaque assiette, ajouter une *louche* de bouillon, *répartir* les poissons et les légumes, arroser de vinaigrette. *Le bon accord:* un *muscadet* ou un cidre brut.

INGRÉDIENTS POUR 6 PERSONNES

- 500 g de *congre* · 300 g de *dorade* · 200 g de *merlu* · 6 sardines · 1 *maquereau* · 1 *grondin* · 500 g de *moules*
- 6 pommes de terre
- 3 carottes
- 2 *brins de poireau*
- 3 oignons
- 2 *gousses d'ail*
- 1 *bouquet garni*
- 1 bouteille de *muscadet*
- beurre salé
- *persil*, *ciboulette*
- huile, vinaigre
- *sel marin*, poivre
- *pain de campagne*

CONGRE (m.) Meeraal – **dorade** (f.) (auch: **daurade**) Goldbrasse – **merlu** (m.) Seehecht – **maquereau** (m.) Makrele – **grondin** (m.) Knurrhahn – **moule** (f.) Miesmuschel – **le brin de poireau** (m.) die Porreestange – **la gousse d'ail** (m.) die Knoblauchzehe – **un bouquet garni** ein Bund Küchenkräuter – **muscadet** (m.) (trockener Weißwein aus der Gegend von Nantes) – **persil** (m.) Petersilie – **ciboulette** (f.) Schnittlauch – **le sel marin** das Meersalz – **le pain de campagne** (f.) das Bauernbrot

Le port *de Concarneau.* | PHOTO: *picture alliance/ Burkhard Juettner/vintage.de*

Retour de pêche *à Guilvinec.* | PHOTO: *picture alliance/Peter Richardson/robertharding*

0–1 COTRIADE (f.) (bretonische Fischsuppe) – **être originaire de** stammen aus – **le Finistère** (Departement der Region Bretagne) – **le Morbihan** (Departement der Region Bretagne) – **tout bonnement** ganz einfach – **contenu** (m.) Inhalt – **marmite** (f.) h.: Kochtopf – **apprécier** schätzen, mögen – **donner raison** (f.) **à qn** jdm. Recht geben

2 **crustacé** (m.) Krustentier – **arroser** begießen – **un filet d'huile** (f.) ein Schuss Öl – **pêche** (f.) h.: Fischfang – **disponible** erhältlich, verfügbar – **sachant que** wobei man wissen muss, dass – **maquereau** (m.) Makrele – **l'ordre** (m.) **de cuisson** (f.) gem.: die Reihenfolge, in der die Fischsorten gekocht werden sollen, **cuisson** Kochen, Garen – **décisif, -ive** entscheidend – **le poisson ferme** gem.: der Fisch mit festem Fleisch – **plat** (m.) h.: Gericht – **nécessiter** erfordern – **récompenser** belohnen – **la peine prise** gem.: der Aufwand, **peine** h.: Mühe

3 **moule** (f.) Miesmuschel – **sur feu** (m.) **moyen** bei mittlerer Hitze – **muscadet** (m.) (trockener Weißwein aus der Gegend von Nantes) – **jus** (m.) h.: Sud – **réserver** h.: beiseitestellen – **écailler** entschuppen – **soigneusement** sorgfältig – **éplucher** schälen – **dé** (m.) Würfel – **rondelle** (f.) runde Scheibe – **poireau** (m.) Porree – **tronçon** (m.) h.: Stück – **grossièrement** grob – **ail** (m.) Knoblauch – **faire revenir** andünsten – **brasser** umrühren – **un bouquet garni** ein Bund Küchenkräuter – **verser** hineingießen – **couvrir** den Deckel auflegen – **mijoter** köcheln

4 **entre-temps** inzwischen – **bol** (m.) Schale, kleine Schüssel – **la cuiller à soupe** (f.) der Esslöffel – **persil** (m.) Petersilie – **ciboulette** (f.) Schnittlauch – **congre** (m.) Meeraal – **dorade** (f.) (auch: **daurade**) Goldbrasse – **merlu** (m.) Seehecht – **grondin** (m.) Knurrhahn – **sur feu** (m.) **doux** bei schwacher Hitze – **tranche** (f.) Scheibe – **beurrer** mit Butter bestreichen – **un plat creux** e-e Schüssel, **creux, creuse** hohl, tief – **louche** (f.) Schöpfkelle, -löffel – **répartir** verteilen – **le bon accord** h. gem.: das passende Getränk dazu – **muscadet** (m.) (trockener Weißwein aus der Gegend von Nantes)

Kig ha farz

1 IMPOSSIBLE de parler de cuisine bretonne en *passant* le kig ha farz *sous silence*! On le nomme souvent «le pot-au-feu breton», mais c'est plus que cela: il *se compose*, en plus de la viande et des légumes, *d'une* sauce au beurre et aux oignons (le lipig) et de deux pâtes à pain (farz) cuites dans le bouillon. Il s'agit d'un plat emblématique de la Bretagne, *originaire du Finistère* et considéré autrefois comme *un plat de pauvres*. Les Bretons *prétendent* que c'est une recette simple qui cuisait toute seule «pendant que tout le monde était aux *champs*». *À vous d'en juger* en lisant la recette. Car *il convient de* bien l'étudier avant de *se lancer*.

2 Premièrement il faut, si vous n'êtes pas breton, *coudre* deux sacs de toile pour les farz. Il est ensuite préférable de *rédiger* avec *soin la liste des courses* et d'*établir* un plan détaillé du *déroulement* de la recette, mais aussi de bien planifier le moment d'apporter sur la table le plat de viandes et légumes, les deux farz, le bouillon et le lipig. Non pas que je veuille vous *décourager*. Au contraire, le kig ha farz a un avantage *indéniable*: il cuit au total environ trois heures, *si bien que* vous avez le temps de *vaquer à vos occupations* entre les différentes étapes (mais pas d'aller aux champs...). Alors courage, *aux fourneaux*!

3 Couper le *chou* en quatre, le laver et *enlever* un morceau de *trognon* sans que les feuilles puissent *se détacher*. *Éplucher* les oignons, les carottes et les *navets*. Couper la viande et les légumes en gros morceaux. *Déposer* la viande, le *bouquet garni*, les oignons et l'ail dans une grande *cocotte* et la remplir d'eau pour recouvrir le tout. Saler, *porter à ébullition*, *couvrir* et laisser cuire environ 1 heure, *à feu doux*. *Écumer au besoin*. En attendant, préparer les farz. Les deux pâtes doivent être *épaisses* mais *fluides*, en aucun cas trop liquides, et doivent *reposer* 30 minutes, une fois préparées.

4 Pour le farz noir, mettre la farine de *sarrasin* avec le sel dans un *saladier*, ajouter progressivement les œufs, le lait, la crème et le beurre *fondu* et bien *malaxer*. Laisser reposer 30 minutes environ. *Mouiller* l'un des sacs de toile et y *verser* la pâte, *ficeler* le sac avec le plus grand soin. Pour le farz blanc, mélanger la farine de *froment* avec le sucre et les œufs dans un saladier. Ajouter la crème fraîche en continuant de mélanger. Verser le lait et ajouter les *raisins secs préalablement farinés*. Bien mélanger et ➲

Des légumes, *de la viande... mais pas seulement: le kig ha farz, dont le nom signifie littéralement «viande et farine» en breton, est loin d'être un simple pot-au-feu.* | PHOTO: *Fotolia/FOOD-images*

Des oignons de Roscoff, *reconnaissables à leur couleur légèrement rosée.* | PHOTO: *Fred Tanneau/ AFP/Getty Images*

Selon la tradition, *la pâte à pain du kig ha farz cuit dans un petit sac de toile fait main.* | PHOTO: *Fotolia/ michael_d*

INGRÉDIENTS POUR 6 PERSONNES

Pour le *pot-au-feu*
- 400 g de *jarret de bœuf* ou *de veau*
- 600 g de *plat de côtes de bœuf*
- 500 g de *lard*
- 3 *saucisses fumées*
- 1 *oignon piqué de clous de girofle*
- 2 oignons
- 1 *bouquet garni*
- 2 *gousses d'ail*
- 1 petit *chou frisé*
- 4 petites carottes
- 2 petits *navets*
- sel

Pour le *farz* noir
- 250 g de farine de *sarrasin*
- 2 œufs
- ¼ de verre de *lait entier*
- 25 g de beurre salé
- 10 cl de crème fraîche
- sel

Pour le farz blanc
- 250 g de farine de *froment*
- 2 œufs
- 25 cl de lait
- 20 cl de crème fraîche
- 50 g de sucre
- 100 g de *raisins secs*

Pour le *lipig*
- 4 *oignons de Roscoff*
- 80 g de beurre salé très froid
- 5 cl de bouillon
- poivre

POT-AU-FEU (m.) Fleisch-Gemüse-Eintopf – **le jarret de bœuf** (m.)/ **de veau** (m.) die Rinder-/Kalbshachse – **le plat de côtes** (f. pl.) **de bœuf** (m.) die (Rinder-)Hochrippe – **lard** (m.) h.: (Schweinebauch-) Speck – **saucisse** (f.) **fumée** geräucherte Wurst – **un oignon piqué de clous** (m. pl.) **de girofle** (m.) eine mit Nelken gespickte Zwiebel – **un bouquet garni** ein Bund Küchenkräuter – **la gousse d'ail** (m.) die Knoblauchzehe – **le chou frisé** der Wirsingkohl – **navet** (m.) weiße Rübe – **farz** (m.) (Brotteig aus Weizen- oder Buchweizenmehl) – **sarrasin** (m.) Buchweizen – **le lait entier** die Vollmilch – **froment** (m.) Weizen – **raisin** (m.) **sec** Rosine – **lipig** (m.) (Butter-Zwiebel-Sauce, die zum Kig ha farz serviert wird) – **un oignon de Roscoff** eine (rosafarbene) Zwiebel, **Roscoff** (bretonische Stadt im Departement Finistère)

Légendes **POT-AU-FEU** (m.) Fleisch-Gemüse-Eintopf – **Roscoff** (bretonische Stadt im Departement Finistère) – **la pâte à pain** (m.) der Brotteig – **un sac de toile** (f.) h.: ein Leinensäckchen

1 **passer sous silence** (m.) verschweigen – **se composer de** bestehen aus – **être originaire de** stammen aus – **le Finistère** (Departement der Region Bretagne) – **un plat de pauvres** (m. pl.) ein Gericht für arme Leute – **prétendre** behaupten – **champ** (m.) Feld – **à vous d'en juger** urteilen Sie selbst – **il convient de faire qc** es ist angebracht, etw. zu tun – **se lancer** h.: s. daranmachen

2–3 **coudre** nähen – **rédiger** h.: schreiben – **soin** (m.) h.: Sorgfalt – **la liste des courses** (f. pl.) der Einkaufszettel – **établir** erstellen – **déroulement** (m.) Ablauf – **décourager** entmutigen – **indéniable** unleugbar – **si bien que** sodass – **vaquer à ses occupations** (f. pl.) seiner Beschäftigung nachgehen – **aux fourneaux!** etwa: ran an die Töpfe!, **le fourneau** der (Küchen-)Herd – **chou** (m.) h.: Wirsingkohl – **enlever** h.: herausschneiden – **trognon** (m.) Strunk – **se détacher** sich lösen – **éplucher** schälen – **navet** (m.) weiße Rübe – **déposer** h.: hineinlegen – **un bouquet garni** ein Bund Küchenkräuter – **cocotte** (f.) h.: Kochtopf – **porter à ébullition** (f.) aufkochen – **couvrir** h.: den Deckel auflegen – **à feu** (m.) **doux** bei schwacher Hitze – **écumer** den Schaum abschöpfen – **au besoin** (m.) bei Bedarf, wenn nötig – **épais, épaisse** dickflüssig – **fluide** flüssig – **reposer** ruhen

4–5 **sarrasin** (m.) Buchweizen – **saladier** (m.) h.: Rührschüssel – **fondre** schmelzen – **malaxer** mischen – **mouiller** nass machen, befeuchten – **verser** hineingießen – **ficeler** zuschnüren – **froment** (m.) Weizen – **raisin** (m.) **sec** Rosine – **préalablement** zuvor – **fariner** in Mehl wälzen

Suite de la page 49

laisser reposer 30 minutes environ. *Enfermer* ensuite cette pâte dans le deuxième sac en toile mouillé en *procédant* comme pour le farz noir. Après 1 heure de *cuisson* de la viande, ajouter le reste des légumes, *plonger* les deux sacs de farz dans le bouillon et laisser cuire encore pendant environ 2 heures. Ajouter de l'eau au besoin.

5 Pendant ce temps préparer le lipig. Éplucher les oignons, les couper en fines *lamelles* et les *faire fondre* dans *une noix de beurre* salé, ajouter une petite *louche* de bouillon du kig ha farz, *poivrer*, couvrir et laisser cuire 1 h 30 à feu très doux. *Incorporer* ensuite à *la cuiller en bois* le beurre très froid coupé en petits morceaux pour obtenir une consistance crémeuse. Pour servir: sortir le farz blanc de son sac et le couper en grosses *tranches*. Laisser le farz noir dans son sac, le laisser légèrement *refroidir*, et l'*émietter* à la main: c'est le «farz bruzunog» (en *miettes*). Le mettre dans un plat, à côté des tranches de farz blanc. Déposer la viande dans *un plat creux* avec les légumes et les *arroser* de bouillon. Servir le reste de bouillon dans une petite *soupière* et le lipig dans un *bol*. Pour déguster: mettre dans le fond des assiettes du farz noir émietté, par-dessus de la viande et des légumes, arroser d'une petite louche de bouillon, ajouter une bonne cuiller de lipig. Accompagner de tranches de farz blanc. *Le bon accord:* un cidre brut, breton bien sûr.

– **enfermer** einschließen, h.: einfüllen – **procéder** verfahren – **cuisson** (f.) h.: Kochzeit – **plonger** tauchen – **lamelle** (f.) dünne Scheibe – **faire fondre** h.: andünsten – **une noix de beurre** (m.) ein walnussgroßes Stück Butter – **louche** (f.) Schöpfkelle, -löffel – **poivrer** pfeffern – **incorporer** unterrühren – **la cuiller en bois** (m.) der Holzlöffel – **tranche** (f.) Scheibe – **refroidir** abkühlen – **émietter** zerbröckeln – **miette** (f.) Krümel – **un plat creux** e-e Schüssel, **creux, creuse** hohl, tief – **arroser** begießen – **soupière** (f.) Suppenschüssel – **bol** (m.) kleine Schüssel – **le bon accord** h. gem.: das passende Getränk dazu

Pommé

| PHOTO: *Nicole Seidel-Guinebretière*

1 LE PLUS célèbre gâteau de Bretagne est le kouign amann, un gâteau *gorgé de beurre* qui se travaille comme une *pâte feuilletée*, mais *réputé pour être* compliqué, même parmi les Bretons. Bien que j'aime les *défis*, je préfère vous présenter une recette *campagnarde* plus facile, le pommé. À base de beurre et de pommes – comme son nom l'indique – il est à mon avis au moins aussi *succulent* que le kouign amann! J'ai laissé les quantités telles qu'elles m'ont été *transmises*: *les mesures en verres*, il est vrai peu exactes, *témoignent de* leur authenticité. Le résultat est donc variable mais toujours excellent, et je *déconseille* de le *démouler*, le résultat pourrait être peu *présentable*. Je suis sûre qu'il deviendra l'un de vos gâteaux préférés. Un dernier *conseil*: *prévoyez grand*, vos *convives en redemanderont*.

2 *Préchauffer* le *four* à 200°C. Mélanger dans un *saladier* le sucre, le sel et les œufs au *fouet électrique*. *Incorporer petit à petit*, avec *la cuiller en bois*, la farine mélangée à *la levure chimique tamisée*. Terminer avec le beurre et le lait, en utilisant à nouveau le fouet. *Éplucher* les pommes, les couper en gros morceaux et les mélanger à la pâte. *Beurrer* le *moule* et le *saupoudrer* de sucre sur toute la *surface*, ce qui fera caraméliser le gâteau. *Verser* la pâte dans le moule, *enfourner* et faire cuire environ 45 minutes au four. Tester la *cuisson* avec la *pointe* d'un couteau. *Au sortir du four* saupoudrer de sucre vanillé et servir *tiède* ou froid. *Le bon accord:* un cidre *doux*, bien sûr, du *lait Ribot*, ou encore du café, du thé ou du chocolat chaud, bien que moins typiques.

Des milliers de tonnes *de pommes sont récoltées chaque année en Bretagne. On en fait surtout du cidre, comme en Normandie, mais on peut aussi les consommer dans de délicieux gâteaux.* | PHOTO: *pixabay*

Ingrédients pour 8 personnes

- 2 verres de farine
- 1 sachet de *levure chimique*
- 180 g de beurre très *mou*
- 3 verres de lait *à température ambiante*
- 2 verres de sucre
- 2 gros œufs
- ½ *cuiller à café* de *sel marin*
- 4 grosses pommes *acidulées* mais *tendres*
- 1 *sachet* de sucre vanillé

Préparation: 20 minutes
Cuisson: environ 45 minutes

LA LEVURE chimique das Backpulver – **mou, mol, molle** weich – **à température** (f.) **ambiante** auf Zimmertemperatur erwärmt – **la cuiller à café** (m.) der Teelöffel – **le sel marin** das Meersalz – **acidulé** säuerlich – **tendre** h.: weich – **sachet** (m.) Tütchen

La star des boulangeries *et des pâtisseries bretonnes, c'est lui: le kouign amann. Un gâteau («kouign» en breton) aussi connu pour la masse de beurre («amann») qu'il contient que pour la complexité de sa préparation. Un vieil adage breton nous met en garde: «Le fait qui veut, le réussit qui peut».* | PHOTO: *Getty Images*

Légende ADAGE (m.) Lebensweisheit – **mettre en garde** (f.) warnen

1 **gorgé de beurre** (m.) gem.: mit sehr viel Butter, **être gorgé de qc** mit etw. getränkt sein – **la pâte feuilletée** der Blätterteig – **être réputé pour être qc** als etw. gelten – **défi** (m.) Herausforderung – **campagnard** ländlich – **succulent** köstlich – **transmettre** weitergeben – **les mesures** (f. pl.) **en verres** (m. pl.) die Mengenangaben mit Gläsern – **témoigner de qc** etw. bezeugen – **déconseiller** abraten – **démouler** stürzen – **présentable** vorzeigbar – **conseil** (m.) Rat – **prévoir grand** gem.: großzügige Mengen einplanen – **le/la convive** der Gast – **en redemander** nach mehr verlangen, gar nicht genug bekommen können

2 **préchauffer** vorheizen – **four** (m.) Backofen – **saladier** (m.) h.: Rührschüssel – **le fouet électrique** das Handrührgerät – **incorporer** unterrühren – **petit à petit** nach und nach – **la cuiller en bois** (m.) der Holzlöffel – **la levure chimique** das Backpulver – **tamiser** sieben – **éplucher** schälen – **beurrer** mit Butter einfetten – **moule** (m.) Backform – **saupoudrer** bestreuen – **surface** (f.) Fläche – **verser** hineingeben – **enfourner** in den Backofen schieben – **cuisson** (f.) h.: Garen – **pointe** (f.) Spitze – **au sortir du four** (m.) gem.: sofort nach dem Backen – **tiède** lauwarm – **le bon accord** h. gem.: das passende Getränk dazu – **doux, douce** h.: süß, lieblich – **le lait Ribot** die bretonische Buttermilch

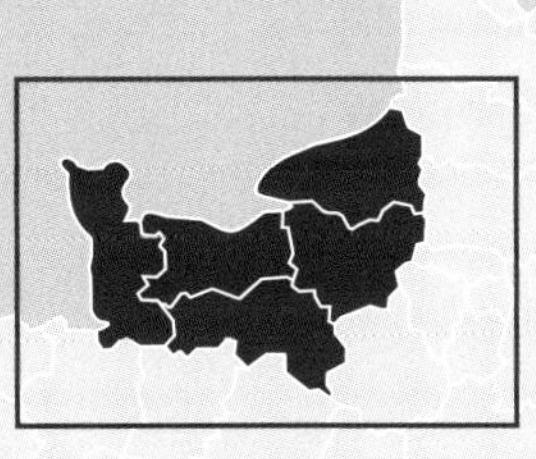

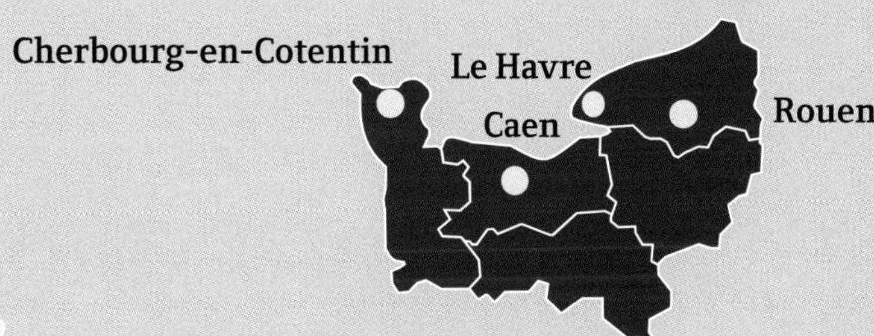

Normandie

- *Maquereau à la normande*
- *Canard au cidre normand*
- *Noisettes de porc et crème au neufchâtel*
- *Teurgoule*

Normandie: la recette des quatre C

Les moutons *dits «prés-salés» du Mont-Saint-Michel.* | PHOTO: *Getty Images*

1 QUI DIT Normandie, pense en premier aux quatre C – camembert, cidre, calvados et crème –, puis au Mont-Saint-Michel et aux *Parapluies de Cherbourg*. Même résumée, *la Normandie gourmande* pourrait remplir des pages. Cinq éléments de base caractérisent une recette normande, *à savoir* la pomme, le beurre, *la crème épaisse*, le cidre et le calvados, une *eau-de-vie* produite à partir du cidre. Cette région, *gâtée* par la nature, *regorge de* ressources de toutes sortes, venues de la mer ou des terres; déjà au XVIIe siècle elle *alimentait* Paris en produits laitiers, légumes, viande et poisson.

2 Dans cette Normandie *bordée* par presque 600 km de côtes, la *pêche* bien sûr occupe une place de choix. Et côté *élevage*, soulignons une spécificité de *la Manche*: les prés-salés, ces *moutons* qui *broutent* la flore *saline* des *pâturages* proches de la mer et dont la *chair acquiert* ainsi une *saveur* particulière. La vache normande, elle, produit une viande de grande qualité et les *abats* sont à l'honneur dans de nombreux *plats* de la région. Le lait *abondant* est parfait pour la production de crème et de fromages. Les deux fromages normands les plus célèbres dans le monde sont sans aucun doute le camembert et… le *Boursin*. Et si l'on faisait la liste des excellentes spécialités fromagères, elle serait bien longue.

3 *La filière potagère et fruitière* est tout aussi productive et les pommes se retrouvent partout sur les tables normandes: en accompagnement d'une viande ou d'un poisson, sous forme de desserts, de cidre ou de calvados. Le *trou* normand, encore très courant lors de repas *copieux*, est une coutume gastronomique qui consistait autrefois à *boire cul sec* un petit verre de calvados au milieu du repas, pour *faciliter* la *digestion* avant de continuer le *festin*. De nos jours, le trou normand traditionnel est souvent remplacé par un sorbet au calvados ou un sorbet aux pommes arrosé d'un *trait* de calvados.

Dans la fromagerie *Durand à Camembert, village de l'Orne qui a donné son nom au célèbre fromage à pâte molle.* | PHOTO: *Charly Triballeau/AFP/Getty Images*

En Normandie, *selon la coutume, le calvados est servi comme digestif lors des repas de fête ou avec du café dans le traditionnel «café-calva».* | PHOTO: *Fotolia/daniel_113*

Légendes **PRÉ-SALÉ** (m.) (Schaf, das auf zeitweise vom Meer überschwemmten Salzwiesen weidet), **pré** (m.) Wiese – **l'Orne** (Departement der Region Normandie) – **un fromage à pâte** (f.) **molle** ein Weichkäse **(mou, mol, molle)** – **le calvados** (aus Cidre hergestellter Schnaps)

0–1 **la recette** h.: das Erfolgsrezept – **Les Parapluies de Cherbourg** (Musicalfilm aus dem Jahr 1964 von Jacques Demy; dt.: „Die Regenschirme von Cherbourg"), **Cherbourg** (alte Hafenstadt im Departement Manche, Region Normandie; gehört seit 2016 zur neugebildeten Gemeinde Cherbourg-en-Cotentin) – **la Normandie gourmande** gem.: die normannische Feinschmecker-Region, - Küche – **à savoir** nämlich – **la crème épaisse** die Crème fraîche, - dickflüssige Sahne, **épais, épaisse** h.: dickflüssig – **eau-de-vie** (f.) Schnaps – **gâté** verwöhnt, h.: gesegnet – **regorger de qc** e-e S. im Überfluss besitzen – **alimenter** h.: versorgen

2 **border** säumen, h.: umgeben – **pêche** (f.) Fischfang – **élevage** (m.) Viehzucht – **la Manche** (Departement der Region Normandie) – **mouton** (m.) Schaf – **brouter** weiden, grasen – **salin** salzhaltig – **pâturage** (m.) Weide – **chair** (f.) Fleisch – **acquérir** erwerben, h.: annehmen – **saveur** (f.) Geschmack, Würze – **abats** (m. pl.) Innereien – **plat** (m.) h.: Gericht – **abondant** reichlich vorhanden – **Boursin** (Herstellermarke der frz. Bel-Gruppe; nach s-m Erfinder François Boursin benannter Frischkäse)

3 **la filière potagère et fruitière** gem.: der Gemüse- und Obstanbau – **trou** (m.) Loch – **copieux, -ieuse** reichhaltig – **boire cul** (m.) **sec** (fam.) ex trinken, **cul** (fam.) Hintern, h.: (Glas) Boden – **faciliter** erleichtern – **digestion** (f.) Verdauung – **festin** (m.) Festessen – **trait** (m.) h.: Schuss

| PHOTOS: *Fotolia/FOOD-micro; Nicole Seidel-Guinebretière*

Maquereau à la normande

INGRÉDIENTS POUR 2 PERSONNES

- 2 petits *maquereaux*
- 1 belle pomme rouge
- 10 cl de crème fraîche
- 250 cl de cidre *brut*
- 1 *brin de poireau*, pas trop gros
- 1 *échalote*
- du beurre, salé de préférence
- 2 *c. s.* de *ciboulette ciselée*
- sel, poivre

MAQUEREAU (m.) Makrele – **brut** h.: trocken – **un brin de poireau** (m.) e-e Porreestange – **échalote** (f.) Schalotte – **c. s.** (f.) = **cuiller** (f.) **à soupe** (f.) Esslöffel – **ciboulette** (f.) Schnittlauch – **ciselé** fein geschnitten

1 LA NORMANDIE est la première région productrice d'*huîtres*, de *moules* et de *coquilles Saint-Jacques* en France. On pêche *au large de* ses côtes de nombreux poissons plats comme la *sole* ou le *turbot*, mais aussi du hareng, auquel une fête annuelle est *consacrée* en novembre. Les maquereaux, notamment les jeunes et petits maquereaux appelés «lisettes», sont eux *célébrés* en juillet.

2 La recette du maquereau à la normande réunit des ingrédients typiquement normands: du beurre, de la crème, des pommes, du cidre et du *poireau*, *légume phare* de *la culture potagère* locale avec les carottes. *Quant à* la crème, elle peut être très *épaisse*. Un fromage ou une spécialité fromagère dite «crème double» contient entre 60% et 75% de *matière grasse*, *tandis qu'*un produit «triple crème» en contient au moins 75%! Dans cette recette, on utilisera pour la sauce une simple crème fraîche.

3 Laver le poireau, le couper en fines lamelles. Le *faire fondre* dans 20 g de beurre dans une *poêle sur feu doux* 15 à 20 minutes. Saler.

4 Pendant ce temps, préparer les maquereaux: couper les *nageoires*, la queue et la tête. Ouvrir le ventre, *en partant de* l'*orifice* près de la queue jusqu'à la tête (avec des ciseaux pour ne pas déchirer la *chair* fragile). *Vider* les poissons, puis les laver à l'eau courante et les *essuyer*.

5 Pour la sauce: couper finement l'*échalote*, la faire fondre dans 10 g de beurre sur feu doux dans une petite casserole, ajouter le cidre et *faire réduire sur feu vif* jusqu'à ce qu'il ne reste qu'une ou deux cuillerées de liquide. Ajouter la crème fraîche, laisser réduire de moitié. Saler et poivrer.

6 Couper la pomme en huit quartiers, sans l'*éplucher*. La *faire dorer* dans 20 g de beurre dans une poêle, 3 minutes de chaque côté.

7 Faire cuire les maquereaux dans 20 g de beurre dans une grande poêle *sur feu moyen*, 3 minutes de chaque côté. Ajouter *au besoin* un demi-verre de cidre. Saler et poivrer.

8 Dans un plat, *dresser* le poisson sur un lit de poireau, ajouter les quartiers de pomme, *napper de sauce*, décorer avec la *ciboulette*. Servir bien chaud.

9 Vous pouvez aussi faire cuire les maquereaux au *four* dans un verre de cidre pendant 8 à 10 minutes à 200 °C. *Par ailleurs*, vous pouvez remplacer le poireau par un oignon et une pomme coupés en fines rondelles et cuits doucement dans *une noix de beurre* et un demi-verre de cidre. *Le bon accord:* du cidre, bien sûr, ou un blanc pas trop sec.

Les falaises de craie *d'Étretat attirent chaque année de nombreux touristes sur la côte normande. Claude Monet, qui les a peintes dans une cinquantaine de toiles, a contribué à les faire connaître dans le monde entier.* | PHOTO: *Getty Images*

Légende **LA FALAISE DE CRAIE** (f.) der Kreidefelsen – **Étretat** (Gemeinde und Seebad im Departement Seine-Maritime, Region Normandie) – **toile** (f.) h.: Gemälde

0–1 **maquereau** (m.) Makrele – **huître** (f.) Auster – **moule** (f.) Miesmuschel – **la coquille Saint-Jacques** die Jakobsmuschel – **au large** (m.) **de** h.: (auf d. Meer) vor – **sole** (f.) Seezunge – **turbot** (m.) Steinbutt – **consacrer** widmen – **célébrer** feiern

2 **poireau** (m.) Porree, Lauch – **le légume phare** gem.: das typische Gemüse, **phare** (m.) Leuchtturm – **la culture potagère** der Gemüseanbau – **quant à qc** was etw. betrifft – **épais, épaisse** h.: dickflüssig – **la matière grasse** das Fett – **tandis que** während

3–5 **faire fondre** h.: andünsten – **poêle** (f.) Pfanne – **sur feu** (m.) **doux** bei schwacher Hitze – **nageoire** (f.) Flosse – **en partant de** gem.: beginnend bei – **orifice** (m.) Öffnung – **chair** (f.) Fleisch – **vider** h.: ausnehmen – **essuyer** h.: trocken tupfen – **échalote** (f.) Schalotte – **faire réduire** einkochen – **sur feu** (m.) **vif** bei starker Hitze

6–9 **éplucher** schälen – **faire dorer** goldbraun braten – **sur feu** (m.) **moyen** bei mittlerer Hitze – **au besoin** (m.) bei Bedarf – **dresser** anrichten – **napper qc de sauce** (f.) etw. mit Soße übergießen – **ciboulette** (f.) Schnittlauch – **four** (m.) Backofen – **par ailleurs** außerdem – **une noix de beurre** (m.) ein walnussgroßes Stück Butter – **le bon accord** h. gem.: das passende Getränk dazu

Le poiré *est un cidre de poire que l'on trouve avant tout en Normandie. Sa production est limitée sur le territoire français car les poiriers à cidre y sont rares.* | PHOTO: *Nicole Seidel-Guinebretière*

INGRÉDIENTS POUR 6 PERSONNES

- 6 *cuisses* de *canard*
- 3 pommes légèrement *acidulées*
- 25 g de *sucre en poudre*
- 100 g d'*échalotes*
- 50 cl de *crème épaisse*
- 75 cl de cidre demi-sec
- 50 cl de *bouillon de volaille*
- 75 g de beurre
- sel et poivre

Préparation: 15 minutes

Cuisson: 1 heure 15

CUISSE (f.) Schenkel, Keule – **canard** (m.) Ente – **acidulé** säuerlich – **le sucre en poudre** (f.) der (feine Kristall-)Zucker – **échalote** (f.) Schalotte – **la crème épaisse** die Crème fraîche, **épais, épaisse** dickflüssig – **le bouillon de volaille** (f.) die Geflügel-, die Hühnerbrühe

Canard au cidre normand

1 *L'ÉLEVAGE de volaille* est bien sûr présent en Normandie, le canard étant le roi de la *basse-cour*. Sa viande *se marie* parfaitement *au* cidre, dont il existe plusieurs sortes: le doux, le demi-sec et le brut. Le choix ne dépend pas seulement du goût, mais aussi de *l'emploi prévu*. La Normandie produit par ailleurs une autre sorte de cidre, *unique en son genre*: le poiré, un cidre de poire qui *titre* 3%, beaucoup moins connu hors des frontières normandes et moins largement consommé, même *sur place*. Il est possible pour cette recette de compter une *cuisse* de canard par *convive*, ou de prendre un canard entier et de le *détailler* pour le servir.

2 *Éplucher* et *émincer* les *échalotes*. *Faire fondre* 50 g de beurre dans le *fond* d'une *cocotte* et *faire dorer* les cuisses de canard des deux côtés. *Déglacer* avec le cidre et *le bouillon de volaille*, ajouter les échalotes. Saler, poivrer, *couvrir* et laisser *mijoter* environ 1 heure.

3 Éplucher les pommes et les couper en huit quartiers. Faire fondre le reste de beurre dans une grande *poêle*, y *déposer* les quartiers de pommes, les *saupoudrer* de sucre et les faire cuire *sur feu doux*.

4 *Lorsque* les cuisses de canard sont cuites, les *réserver au chaud* sur une assiette. *Faire réduire le jus de cuisson sur feu vif*, ajouter la crème fraîche et *brasser* en *grattant au besoin* le *fond* de la cocotte pour *récupérer les sucs de cuisson*. *Dresser* les cuisses de canard sur un *plat préalablement chauffé*, les entourer avec les pommes et *napper* le tout *de sauce*, ou servir la sauce séparément dans une saucière.

5 Cette recette traditionnelle peut aussi être flambée au *calvados*: pour cela, flamber les cuisses de canard avec un petit verre de calvados avant de *verser* le cidre et le bouillon de volaille. *Le bon accord:* un cidre brut ou demi-sec.

| PHOTO: *Getty Images*

Légende POIRE (f.) Birne – **poirier** (m.) Birnbaum
0–1 **canard** (m.) Ente – **l'élevage** (m.) **de volaille** (f.) die Geflügelzucht – **basse-cour** (f.) Geflügelhof – **se marier à qc** zu etw. passen – **l'emploi** (m.) **prévu** gem.: die vorgesehene Verwendung – **unique en son genre** (m.) einzig in seiner Art – **titrer** h.: einen Alkoholgehalt von … haben – **sur place** (f.) vor Ort – **cuisse** (f.) Schenkel, Keule – **le/la convive** der Gast (am Esstisch) – **détailler** h.: tranchieren
2–3 **éplucher** schälen – **émincer** fein schneiden – **échalote** (f.) Schalotte – **faire fondre** zergehen lassen – **fond** (m.) h.: Boden – **cocotte** (f.) h.: Kochtopf – **faire dorer** goldbraun braten – **déglacer** ablöschen – **le bouillon de volaille** (f.) die Geflügel-, - Hühnerbrühe – **couvrir** h.: den Deckel auflegen – **mijoter** köcheln – **poêle** (f.) Pfanne – **déposer** legen – **saupoudrer** bestreuen – **sur feu** (m.) **doux** bei schwacher Hitze
4–5 **lorsque** wenn – **réserver qc au chaud** (m.) etw. warm stellen – **faire réduire** einkochen – **le jus de cuisson** (f.) der Bratensaft, - Sud – **sur feu** (m.) **vif** bei starker Hitze – **brasser** um-, durchrühren – **gratter** h.: abschaben – **au besoin** (m.) bei Bedarf – **fond** (m.) h.: Boden – **récupérer** zurückgewinnen, h.: lösen – **les sucs** (m. pl.) **de cuisson** (f.) der Bratensatz – **dresser** anrichten – **plat** (m.) h.: (Servier-)Platte – **préalablement chauffé** vorgewärmt – **napper de sauce** (f.) mit Soße übergießen – **le calvados** (aus Cidre hergestellter Schnaps) – **verser** angießen – **le bon accord** h. gem.: das passende Getränk dazu

| PHOTO: *Nicole Seidel-Guinebretière*

INGRÉDIENTS POUR 2 PERSONNES

- 1 *filet mignon de porc* (400 g)
- ¼ de *neufchâtel* (50 g)
- 15 g de beurre *demi-sel*
- 75 g de crème fraîche
- 3 cl de *pommeau*
- 1 tomate
- 2 *brins* de *persil plat*
- sel, poivre

Préparation: 20 minutes

Cuisson: 15 minutes

LE FILET de porc (m.) das Schweinefilet, **le filet mignon** (besonders zarte Partie des Filets) – **le neufchâtel** (Kuhmilchkäse aus der Normandie) – **demi-sel** leicht gesalzen – **le pommeau** (aus Apfelmost und Calvados hergestellter Aperitif) – **brin** (m.) Stängel – **le persil plat** die glatte Petersilie

Noisettes de porc et crème au neufchâtel

1 *L'ÉLEVAGE porcin* occupe la troisième place en Normandie dans *la filière animale*, derrière la production laitière et les *bovins*. La viande de porc est très *appréciée* et les *abats* entrent dans la composition de nombreuses spécialités, tout comme ceux de bœuf *d'ailleurs* avec par exemple *les* célèbres *tripes à la mode de Caen*.

2 Il est probable que le neufchâtel, reconnaissable à sa forme de cœur, soit le plus ancien des fromages normands, car déjà *mentionné* dans des documents *datant de 1035*. La Normandie, *baptisée* parfois «terre des fromages», en compte à elle seule plus d'une vingtaine, la plupart au lait de vache. On *se contentera* ici *de* citer le camembert, le pont-l'évêque, le brillat-savarin, le pavé d'Auge, le livarot, et le plus jeune de tous, le Boursin *inventé* en 1957. *Quant au* pommeau, alcool fait à base de *moût de pomme* et de calvados, il est très *prisé* en apéritif et souvent utilisé en cuisine.

3 La recette, facile, rapide et économique, «très normande», que je vous propose ici, peut également se préparer avec du *veau*, du *calvados* à la place du pommeau et, pourquoi pas, avec un camembert pas trop *fait*.

4 Couper la tomate en petits *dés*. *Ciseler* le *persil*. Couper le fromage en gros dés. *Détailler le filet mignon* en *tranches* de 4 cm d'*épaisseur* environ. *Faire fondre* le beurre dans une *poêle*. *Saisir* la viande et faire cuire 2 minutes sur chaque *face*. La *réserver au chaud*. *Déglacer* la poêle avec le pommeau et bien *gratter* pour *détacher les sucs de viande* dans le *fond* de la poêle. *Incorporer* la crème fraîche et les morceaux de fromage. Laisser *fondre* jusqu'à obtenir une crème *onctueuse* et *lisse*. Saler, poivrer. *Dresser* la viande sur des assiettes chaudes, *napper de sauce* et décorer avec les dés de tomate et le persil. *Le bon accord:* un vin du Val de Loire, blanc ou rouge.

Presque aussi *célèbre que son contenu, la boîte en bois du camembert traverse les époques.* | PHOTOS: *picture alliance/ maxppp/Hervé Champollion/ akg-images*

Le neufchâtel *peut être vendu sous différentes formes, mais celle-ci est la plus typique. Une légende raconte que pendant la guerre de Cent Ans, qui opposa aux XIVe et XVe siècles les royaumes de France et d'Angleterre, les jeunes Normandes offraient aux soldats anglais des fromages en forme de cœur, en signe de leur amour.* | PHOTO: *Nicole Seidel-Guinebretière*

0–2 **NOISETTE** (f.) h.: kleines, rundes Stück Fleisch – **porc** (m.) Schwein(efleisch) – **le neufchâtel** (Kuhmilchkäse aus der Normandie) – **l'élevage** (m.) **porcin** die Schweinezucht – **la filière animale** gem.: die Viehzucht und Milcherzeugung – **bovins** (m. pl.) Rindvieh, Rinder – **apprécier** schätzen – **abats** (m. pl.) Innereien – **d'ailleurs** übrigens – **les tripes** (f. pl.) **à la mode de Caen** (Kutteln mit Gemüse in Cidre und Calvados gekocht), **Caen** (Stadt im Departement Calvados, Region Normandie) – **mentionner** erwähnen – **datant de 1035** aus dem Jahr 1035 – **baptiser** taufen, h.: nennen – **se contenter de faire qc** sich damit begnügen, etw. zu tun – **inventer** erfinden – **quant à qc** was etw. betrifft – **le moût de pomme** (f.) der Apfelmost – **priser** schätzen

3–4 **veau** (m.) h.: Kalb(fleisch) – **le calvados** (aus Cidre hergestellter Schnaps) – **fait** (Käse) reif – **dé** (m.) Würfel – **ciseler** klein hacken – **persil** (m.) Petersilie – **détailler** h.: schneiden – **le filet mignon** h. gem.: das Schweinefilet – **tranche** (f.) Scheibe – **épaisseur** (f.) Dicke – **faire fondre** zergehen lassen – **poêle** (f.) Pfanne – **saisir** h.: scharf anbraten – **face** (f.) h.: Seite – **réserver qc au chaud** (m.) etw. warm stellen – **déglacer** ablöschen – **gratter** h.: abschaben – **détacher** h.: lösen – **les sucs** (m. pl.) **de viande** (f.) der Bratensatz – **fond** (m.) h.: Boden – **incorporer** h.: beimischen – **fondre** schmelzen – **onctueux, -euse** sämig – **lisse** glatt, homogen – **dresser** anrichten – **napper de sauce** (f.) mit Soße übergießen – **le bon accord** h. gem.: das passende Getränk dazu

Teurgoule

La teurgoule *est un dessert facile à préparer. Il s'agit d'un riz au lait, sucré et parfumé à la cannelle.* | PHOTO: *Fotolia/Catherine CLAVERY*

Ingrédients pour 6 personnes

- 2 l de *lait cru* et *entier*
- 150 g de riz rond
- 200 g de *sucre en poudre*
- 1 *pincée* de sel
- 2 *cuillers à café* de *cannelle* en poudre

Préparation: 10 minutes

Cuisson: 9 heures

LE LAIT cru die Rohmilch – **le lait entier** die Vollmilch – **le sucre en poudre** (f.) der (feine Kristall-)Zucker – **pincée** (f.) Prise – **la cuiller à café** (m.) der Teelöffel – **cannelle** (f.) Zimt

1 LA NORMANDIE utilise bien sûr la pomme pour de nombreux desserts, qu'on retrouve aussi dans la Bretagne voisine ou le reste du pays. Mais il en est un typiquement normand et pratiquement inconnu ailleurs qu'en Normandie: la teurgoule. Et pourtant il existe une très sérieuse *Confrérie* de la Teurgoule.

2 Sur l'*origine* de ce dessert apparu au XVIIIe siècle, on rencontre deux versions différentes. L'une assure qu'*un intendant* de *Caen* importa du riz *d'outre-mer* pour *pallier* une mauvaise *récolte* de *céréales* et *éviter* la *famine*: le lait étant un produit local, la recette était donc toute trouvée. L'autre *prétend* que les *corsaires* normands ont importé en Normandie le riz et la cannelle pris sur les bateaux espagnols qu'ils *pillaient*. Mais les deux versions *s'accordent* pour préciser qu'*autrefois* la teurgoule n'était pas sucrée ou qu'elle l'était avec du *miel*, et que ce *plat* cuisait très longtemps, souvent toute la nuit *au coin du feu*.

3 Le nom de «teurgoule» viendrait de «*tordre* la *goule*», soit parce que le riz était très chaud, soit parce qu'il n'était pas sucré. Traditionnellement la teurgoule s'accompagne d'une fallue, une sorte de brioche *allongée* aux œufs et bien sûr au bon beurre normand. Teurgoule est également le nom du *pot de terre* utilisé pour *la cuisson*. Cette recette suit *les instructions* de la «Confrérie de la Teurgoule et de la Fallue de Normandie», ce qui lui *confère* une légitimité absolue.

4 *Préchauffer* le *four* à 260°C. Mettre le riz dans le *fond* d'une *terrine* en *terre cuite*. Ajouter *le sucre en poudre*, le sel et la cannelle et bien mélanger le tout. *Verser* le lait *tout en douceur* afin que le riz reste bien au fond du *récipient*. Faire cuire cette préparation dans le four préchauffé à température très élevée, puis baisser à 110°C au bout d'une heure. Après 2 heures de cuisson à 110°C, *réduire* à nouveau la température à 50°C et laisser cuire encore 6 heures. *Déguster* très chaud. Rien de plus simple, il ne suffit que d'un peu de *patience*!

Les vaches du pays d'Auge, *où l'on produit notamment le camembert. La figure de la laitière normande a inspiré de nombreux illustrateurs. On la reconnaît à la manière dont elle porte sa cruche: à l'aide d'un long ruban qui passe au-dessus de sa tête.* | PHOTOS: *Getty Images; picture alliance/ akg-images*

Légendes CANNELLE (f.) Zimt – **le pays d'Auge** (typisch normannische Landschaft in den Departements Calvados und Orne; geprägt durch die Land-, Vieh- und Weidewirtschaft) – **la laitière** h.: das Milchmädchen **(le laitier)** – **cruche** (f.) Krug – **ruban** (m.) Band

0–2 **teurgoule** (f.) (Nachtisch aus Milchreis, Zucker und Zimt) – **confrérie** (f.) Bruderschaft, Gilde (diese in Frankreich weit verbreiteten Vereine setzen sich für die Bewahrung kulinarischer Traditionen und regionaler Spezialitäten ein) – **origine** (f.) h.: Herkunft – **un intendant** gem.: ein vom König ernannter Verwalter (e-s Bezirks) – **Caen** (Stadt im Departement Calvados, Region Normandie) – **d'outre-mer** aus Übersee – **pallier** kompensieren – **récolte** (f.) Ernte – **céréale** (f.) Getreide – **éviter** vermeiden, h.: vorbeugen – **famine** (f.) Hungersnot – **prétendre** behaupten – **le corsaire** der Korsar, -Freibeuter – **piller** plündern – **s'accorder** s. (darüber) einig sein – **autrefois** früher – **miel** (m.) Honig – **plat** (m.) h.: Gericht, Speise – **au coin** (m.) **du feu** (m.) im Kamin, - Holzofen

3–4 **tordre** h.: verziehen – **goule** (f.) (rég.) (fam.) Mund – **allongé** h.: länglich – **le pot de terre** (f.) das Tongefäß – **la cuisson** das Garen – **les instructions** (f. pl.) die Anweisungen – **conférer** verleihen – **préchauffer** vorheizen – **four** (m.) Backofen – **fond** (m.) h.: Boden – **terrine** (f.) h.: runde/s feuerfeste/s Gefäß, - Form – **la terre cuite** der Ton, die Terrakotta – **le sucre en poudre** (f.) der (feine Kristall-)Zucker – **verser** angießen – **tout en douceur** (f.) h. gem.: ganz behutsam – **récipient** (m.) Gefäß – **réduire** h.: senken – **déguster** genießen, mit Genuss essen – **patience** (f.) Geduld

Petits extras

- *4 menus à tester*
- *À vous de jouer!*
- *Mini-lexique culinaire*
- *Une dernière gourmandise: la confiture de lait*

4 MENUS À TESTER

Repas végétarien

Cervelle de canut · *Beaujolais blanc*

Storzapretti à la bastiaise · *Côtes-de-Provence rouge*

Salade: feuille de chêne, vinaigrette

Fromages: emmental, tomette de brebis, cantal

Côtes-de-Provence rouge

Gâteau basque

Soirée entre copains

Jambon persillé bourguignon · *Rouge de Bourgogne*

Aïoli garni · *Côtes-de-Provence blanc ou rosé*

Salade: frisée, vinaigrette aillée

Fromages: emmental, reblochon, fourme d'Ambert

Rouge de Bourgogne

Fiadone

4 MENUS À TESTER

Buffet campagnard

Salade strasbourgeoise · Pinot blanc

Salade du pêcheur · Pinot blanc

Saucisson brioché lyonnais · Beaujolais rouge

Piperade · Beaujolais rouge

Salade: mesclun, vinaigrette

Fromages: emmental, camembert, morbier

Beaujolais rouge

Tarte de semoule au cassis

Jour de fête

Cassolette d'escargots au vin d'Alsace · Riesling

Lapin à la moutarde · Rouge de Bourgogne

Salade verte, vinaigrette

Fromages: emmental, chèvre, roquefort

Tarte tropézienne · Rouge de Bourgogne

À vous de jouer!

Les cuisines régionales de France n'ont plus de secret pour vous?
Alors testez vos connaissances et votre vocabulaire en vous amusant!

Fromages des régions

1. Cochez la bonne réponse.

a) Normandie. Avec le lait de quel animal fabrique-t-on la plupart des fromages de cette région?

☐ la vache ☐ la brebis ☐ la chèvre

b) Alsace. Parmi ces fromages, lequel est alsacien?

☐ l'époisses ☐ le brocciu

☐ le munster ☐ le brie de Meaux

c) Pays basque. L'ossau-iraty, spécialité basque au lait de brebis, est un fromage…

☐ à pâte molle ☐ à pâte persillée ☐ à pâte dure ☐ à pâte pressée non cuite

d) Corse. Quel est l'autre nom du «fleur du maquis», un fromage de brebis corse?

☐ brin d'amour ☐ preuve d'amour ☐ philtre d'amour ☐ cri d'amour

Trois fromages normands.
De haut en bas: le livarot, le camembert et le pont-l'évêque.
| PHOTO: *Getty Images*

Spécialités sucrées

2. Tentez de trouver le nom de ces douceurs régionales en vous aidant des indices.

a) ______________________

b) ______________________

c) ______________________

d) ______________________

Indices:

a) Bourgogne. Je suis un petit délice venu de Dijon, fait de pain d'épice, de marmelade d'oranges et de miel. Je dois mon nom aux nonnes qui me confectionnaient au Moyen Âge.

b) Provence. La couleur de ma pâte d'amandes, jaune orangé, rappelle le soleil de ma ville, Aix-en-Provence. Posé sur une couche de pain azyme, je suis recouvert d'un glaçage.

c) Lyonnais. Je fais partie de la famille des beignets. Tantôt croustillante, tantôt moelleuse à Lyon et dans sa région, je suis aussi la reine du carnaval. Mes cousines du Sud-Ouest sont appelées «merveilles», celles de Provence «oreillettes».

d) Bretagne. Certains racontent que je suis née d'une crêpe trop cuite. Une Quimpéroise, Marie-Catherine Cornic, m'aurait oubliée sur la crêpière. Elle aurait alors décidé de m'enrouler puis de me croquer, tout simplement!

| PHOTOS: *a) Wikimedia Commons/Ji-Elle, b) Wikimedia Commons/Chocolaterie de Puyricard/Jean-Luc Abraïni, c) Wikimedia Commons/Marie-Lan Nguyen, d) Fotolia/Jérôme Rommé*

Solutions **1. a)** la vache • **b)** le munster • **c)** à pâte pressée non cuite • **d)** brin d'amour
2. a) la nonnette • **b)** le calisson • **c)** la bugne • **d)** la crêpe dentelle

À VOUS DE JOUER! 

horizontalement

2 spécialité de Dijon élaborée au XVIIIe siècle
5 ingrédient normand par excellence, indispensable pour produire la crème ou le beurre
7 soupe de poissons emblématique de Marseille
8 fruit qui fait la renommée de la commune basque d'Itxassou
10 vin de grande qualité; le côte-de-beaune en est un *(deux mots)*
11 activité développée en Corse qui consiste à élever et soigner des abeilles pour obtenir du miel ou de la cire
13 cuisinière lyonnaise d'exception qui a notamment formé Paul Bocuse *(deux mots)*
14 animal élevé en liberté au Pays basque; on produit le jambon de Bayonne avec sa viande
15 arbre qui a donné son nom à la région corse de Castagniccia

verticalement

1 autre nom pour le blé noir, avec lequel on confectionne les galettes bretonnes
3 en breton, ce mot désigne une plaque ronde sur laquelle on fait cuire les crêpes et les galettes
4 alcool qui accompagne le vin rouge dans la soupe de cerises, spécialité alsacienne
6 mayonnaise provençale à base d'ail et d'huile d'olive
9 les Français les savourent souvent à Noël dans du beurre parfumé aux herbes et à l'ail
12 repas typique lyonnais, servi le matin dans les restaurants traditionnels de la ville
14 cidre rare, à base de jus de poire, que l'on produit surtout en Normandie

Solutions **horizontalement** 2 MOUTARDE (f.) • 5 LAIT (m.) • 7 BOUILLABAISSE (f.) • 8 CERISE (f.) • 10 GRAND CRU (m.) • 11 APICULTURE (f.) • 13 (la) MÈRE BRAZIER • 14 PORC (m.) • 15 CHÂTAIGNIER (m.)
verticalement 1 SARRASIN (m.) • 3 BILLIG (m.) (auch: BILIG) • 4 KIRSCH (m.) • 6 AÏOLI (m.) • 9 ESCARGOTS (m. pl.) • 12 MÂCHON (m.) • 14 POIRÉ (m.)

Mini-lexique culinaire

Comment retenir le vocabulaire des recettes présentées dans ce recueil? En utilisant ce lexique par exemple!

Fruits et légumes · Obst und Gemüse

ail (m.) [aj]	Knoblauch
blette (f.) (auch: **bette**)	Mangold
carottes (f. pl.) **fanes** (f. pl.)	Möhren mit Grün
cassis (m.) [kasis]	schwarze Johannisbeere
cerise (f.)	Kirsche
champignon (m.) **de Paris**	Champignon
châtaigne (f.)	Esskastanie
chou (m.) **(frisé)**	(Wirsing-)Kohl
courgette (f.)	Zucchini
échalote (f.)	Schalotte
fenouil (m.) [fənuj]	Fenchel
frisée (f.)	Friséesalat
haricots (m. pl.) **verts**	grüne Bohnen
mûre (f.)	Brombeere
navet (m.)	weiße Rübe
oignon (m.)	Zwiebel
poire (f.)	Birne
poireau (m.)	Porree, Lauch
poivron (m.)	Paprika(schote)
pomme (f.) **(de terre) vapeur** (f.)	Salzkartoffel
raisins (m. pl.) **secs**	Rosinen
roquette (f.)	Rucola
salade (f.) **de pissenlit** (m.)	Löwenzahn-Salat

Poissons, mollusques, crustacés

Fische, Weichtiere, Krustentiere

arête (f.)	Gräte
bulot (m.)	Wellhornschnecke
cabillaud (m.)	Kabeljau
congre (m.)	Meeraal
dorade (f.) (auch: **daurade**)	Goldbrasse
escargot (m.) **de Bourgogne** (f.)	Weinbergschnecke
étrille (f.)	Samtkrabbe
grondin (m.)	Knurrhahn
lotte (f.)	Seeteufel
maquereau (m.)	Makrele
merlan (m.)	Wittling
merlu (m.)	Seehecht
morue (f.)	Kabeljau
moule (f.)	Miesmuschel
rascasse (f.)	Drachenkopf
saint-pierre (m.)	Petersfisch
truite (f.)	Forelle
vive (f.)	Petermännchen

Viande · Fleisch

abats (m. pl.)	Innereien
agneau (m.)	Lamm(fleisch)
bœuf (m.) [bœf]	Rind(fleisch)
canard (m.)	Ente
charcuterie (f.)	Wurstwaren; Fleischerei
jambon (m.) **blanc**	Kochschinken
lapin (m.)	Kaninchen
lard (m.)	Speck
lardons (m. pl.)	Speckwürfel
mouton (m.)	Schaf(fleisch)
porc (m.) [pɔʀ]	Schwein(efleisch)
poulet (m.)	Huhn; Hähnchen
saucisse (f.)	Wurst, Würstchen
saucisson (m.)	luftgetrocknete Salami
veau (m.)	Kalb(fleisch)
volaille (f.)	Geflügel

Fromage…

… à pâte (f.) **molle**	Weichkäse
… à pâte (f.) **dure**	Hartkäse
… au lait (m.) **de vache** (f.)	Kuhmilchkäse
… blanc	Quark
… frais	Frischkäse
… de brebis (f.)	Schafskäse
… de chèvre (f.)	Ziegenkäse

Mini-lexique culinaire

Tartes et gâteaux · Tartes und Kuchen

badigeonner	bepinseln
crème (f.) **chantilly**	geschlagene (und gesüßte) Sahne
crème (f.) **pâtissière**	Vanillecreme
cuisson (f.)	Backen; Backzeit
démouler	aus der Form nehmen
œuf (m.) [œf]	Ei
farine (f.)	Mehl
laisser reposer	(Teig) ruhen lassen
levure (f.) **de boulanger** (m.)	(Back-)Hefe
levure (f.) **chimique**	Backpulver
pâte (f.) **brisée**	Mürbeteig
pâte (f.) **feuilletée**	Blätterteig
pâte (f.) **sablée**	(süßer) Mürbeteig
pétrir	kneten
sucre (m.) **en poudre** (f.)	(feiner Kristall-)Zucker

Le bon accord · das passende Getränk dazu

crémant (m.)	Schaumwein, Crémant
cidre (m.) **brut/demi-sec/ doux**	trockener/halbtrockener/ lieblicher Cidre
eau-de-vie (f.)	Schnaps, Obstler
vigneron, -onne (m./f.)	Winzer/in
vignoble (m.)	Weinberg; Weinbaugebiet
vin (m.) **blanc, rouge**	Weiß-, Rotwein
vin (m.) **doux**	Dessertwein

Sources photos:
Saucisson: Wikimedia Commons/André Karwath
Maquereau: Wikimedia Commons/© Hans Hillewaert
Cocottes Le Creuset: Wikimedia Commons/ McArthurGlen Designer Outlets
Persil, vin: pixabay

Couteau, fourchette et Cie · Messer, Gabel und Co.

bol (m.)	kleine Schüssel
casserole (f.)	Topf
cocotte (f.)	Kochtopf
couverts (m. pl.)	Besteck
cuiller/cuillère (f.) **à café** (m.)	Teelöffel
cuiller/cuillère (f.) **à soupe** (f.)	Esslöffel
cuiller/cuillère (f.) **en bois** (m.)	Holzlöffel
économe (m.)	Sparschäler
écumoire (f.)	Schaumkelle, -löffel
faitout (m.)	Kochtopf
fouet (m.) **électrique**	Handrührgerät
four (m.)	Backofen
fourneau (m.)	(Küchen-)Herd
louche (f.)	Schöpfkelle, -löffel
marmite (f.)	Kochtopf
moule (m.)	(Kuchen-)Form
plat (m.) **creux**	Schüssel
creux, creuse	hohl, tief
poêle (f.) [pwal]	Pfanne
récipient (m.)	Gefäß
rouleau (m.) **à pâtisserie** (f.)	Nudelholz
saladier (m.)	Salat-, Rührschüssel
sauteuse (f.)	hochwandige Pfanne
soupière (f.)	Suppenschüssel, -terrine
torchon (m.)	Geschirr-, Küchentuch

La touche finale · der letzte Schliff

bouquet (m.) **garni**	Bund Küchenkräuter
cerfeuil (m.) [sɛʀfœj]	Kerbel
ciboulette (f.)	Schnittlauch
cumin (m.)	Kreuzkümmel
épice (f.)	Gewürz
feuille (f.) **de laurier** (m.)	Lorbeerblatt
herbes (f. pl.)	Kräuter
persil (m.) [pɛʀsi]	Petersilie
piment (m.) **(en poudre)**	(gemahlene) Peperoni
poivre (m.) **du moulin** (m.)	Pfeffer aus der Mühle
rectifier l'assaisonnement (m.)	nachwürzen, abschmecken
sel (m.) **(marin)**	(Meer-)Salz
thym (m.) [tɛ̃]	Thymian
un filet d'huile (f.) **d'olive** (f.)	ein Schuss Olivenöl
vinaigre (m.)	Essig

Nicole Seidel-Guinebretière nous présente une dernière *gourmandise:* une confiture venue de Normandie, au *goût* de caramel *incomparable.* À tester absolument!

La confiture de lait

Version grands-mères normandes

Faire *bouillotter* 1 litre de *lait entier* et 500 g de sucre pendant 8 à 10 heures *à feu doux*, en surveillant *la cuisson* de temps en temps.

Version rapide

Placer une ou deux boîtes fermées de *lait concentré sucré* dans une *casserole*. Les recouvrir d'eau et faire cuire pendant 2 heures à feu doux. Retirer la ou les boîtes de la casserole, puis *laisser refroidir* avant d'ouvrir.

Ma version pratique

Remplir quelques *pots à confiture* de lait concentré sucré. Les fermer hermétiquement, les déposer dans une casserole, les recouvrir d'eau et faire cuire pendant 2 heures à feu doux.

À *tartiner* sur du pain, des crêpes, ou à *savourer* dans du *yaourt* ou du *fromage blanc* par exemple.

Régalez-vous!

| PHOTOS: *Fotolia/FOOD-pictures; Nicole Seidel-Guinebretière*

GOURMANDISE (f.) Leckerei – **goût** (m.) Geschmack – **incomparable** unvergleichlich – **bouillotter** köcheln – **le lait entier** die Vollmilch – **à feu** (m.) **doux** bei schwacher Hitze – **la cuisson** h.: der Kochvorgang – **le lait concentré sucré** die gezuckerte Kondensmilch – **casserole** (f.) Topf – **laisser refroidir** abkühlen lassen – **le pot à confiture** (f.) das Marmeladenglas – **tartiner** schmieren, streichen – **savourer** genießen – **yaourt** (m.) Joghurt – **le fromage blanc** der Quark – **régalez-vous!** lassen Sie es sich schmecken!